Rund um Essays

Kopiervorlagen für den Deutschunterricht in der Oberstufe

Erarbeitet von
Reinhard Lindenhahn und Peter Merkel

Redaktion: Dirk Held, Berlin
Bildrecherche: Angelika Wagener

Illustration: Henriette von Bodecker, Berlin
Umschlagfoto: © matttilda-fotolia.com
Umschlaggestaltung: Ungermeyer, Berlin
Technische Umsetzung: FKW, Berlin

www.cornelsen.de

Dieses Werk berücksichtigt die Regeln der reformierten Rechtschreibung
und Zeichensetzung. Bei den mit R gekennzeichneten Texten
haben die Rechteinhaber einer Anpassung widersprochen.

Die Webseiten Dritter, deren Internetadressen in diesem Lehrwerk angegeben sind,
wurden vor Drucklegung sorgfältig geprüft. Der Verlag übernimmt keine Gewähr für
die Aktualität und den Inhalt dieser Seiten oder solcher, die mit ihnen verlinkt sind.

1. Auflage, 2. Druck 2015

Alle Drucke dieser Auflage sind inhaltlich unverändert
und können im Unterricht nebeneinander verwendet werden.

© 2012 Cornelsen Verlag, Berlin
© 2015 Cornelsen Schulverlage GmbH, Berlin

Das Werk und seine Teile sind urheberrechtlich geschützt.
Jede Nutzung in anderen als den gesetzlich zugelassenen Fällen bedarf
der vorherigen schriftlichen Einwilligung des Verlages.
Hinweis zu den §§ 46, 52 a UrhG: Weder das Werk noch seine Teile dürfen ohne eine
solche Einwilligung eingescannt und in ein Netzwerk eingestellt oder sonst öffentlich
zugänglich gemacht werden.
Dies gilt auch für Intranets von Schulen und sonstigen Bildungseinrichtungen.
Die Kopiervorlagen dürfen für den eigenen Unterrichtsgebrauch
in der jeweils benötigten Anzahl vervielfältigt werden.

Druck: H. Heenemann, Berlin

ISBN 978-3-464-60778-7

PEFC zertifiziert
Dieses Produkt stammt aus nachhaltig
bewirtschafteten Wäldern und kontrollierten
Quellen.
www.pefc.de

Inhaltsverzeichnis

Vorwort und methodische Hinweise   5

Die Textsorte „Essay"

Versuche über den Essay .... die Textsorte mit Hilfe poetologischer Texte von Montaigne bis Tucholsky kennen lernen; Gemeinsamkeiten und Unterschiede in Bezug auf Inhalt, Stil, Darstellungsform und Adressatenbezug herausarbeiten; eine Übersicht in Form einer Mindmap anlegen; den Essay von der Erörterung abgrenzen; Regeln für einen guten Schreibstil aufstellen; einen Essay schreiben   7

Inhaltliche und formale Übungen

Den Mittelteil eines Essays ergänzen .... einen Essay ergänzen; einen Originalabsatz sinnvoll eingliedern; Aphorismen auf den Text beziehen; einen Essay zum Thema „Fortschritt" schreiben   13

Anfang und Ende
eines Essays ergänzen .... einen Essay ergänzen; den Anfang eines Essays analysieren und typische Merkmale herausarbeiten   15

Inhaltliche Lücken
in einem Essay schließen .... einen Lückentext ergänzen; die Ergebnisse der Mitschüler kommentieren; einen Essay zum Thema „Tourismus" schreiben   17

Einen Essay strukturieren .... die vertauschten Absätze eines Essays wieder in die richtige Reihenfolge bringen   19

Einen Essay inhaltlich erweitern .... einen Essay mit Hilfe themengleicher Essays inhaltlich erweitern; eine Essay-Collage erstellen; das Thema „Interpretation in der Schule" diskutieren   21

Einen Essay aktualisieren .... einen eigenen Essay auf der Basis eines älteren Essays schreiben und dabei dessen Inhalte aktualisieren   26

Auf der Basis fremder Texte
einen Essay schreiben .... sich über das Problem des Analphabetismus informieren; zwei Essays zum Thema lesen; den Kerngedanken eines eigenen Essays zum Thema mit Hilfe von Aphorismen entwickeln; einen Essay schreiben   27

Einen Essay interpretieren .... einen Essay analysieren und deuten; den Stil des Essays charakterisieren   29

Schreibwerkstatt

Schritt 1: Die Textsorte identifizieren ..... mit Hilfe eines Kriterienkatalogs zu Inhalt, Aufbau, Struktur, Sprache und Stil einen Essay auf typische Textsortenmerkmale untersuchen   31

Schritt 2:
Den Schreibprozess vorbereiten .... eine Aufgabenstellung mit eigenen Worten zusammenfassen; ein Brainstorming durchführen und ein Cluster anlegen; Materialien erschließen, Abstract schreiben; das Dossier im Hinblick auf den eigenen Essay auswerten; eine Ideensammlung mit Hilfe einer Mindmap strukturieren   34

Schritt 3: Den Essay schreiben .... sich in Partnerarbeit der Textsortenmerkmale vergewissern; Essay von Erörterung abgrenzen; den Essay mit Hilfe einer vorgegebenen Einleitung schreiben   39

Schritt 4: Den Essay überarbeiten .... den Essay in Partnerarbeit mit Hilfe eines Kriterienkatalogs, einer Fehlertypisierung und eines Lösungsvorschlags überarbeiten   40

Inhaltsverzeichnis

Der Essay im Längsschnitt

Ein Blick zurück in die Geschichte

Michel de Montaigne:
Über die Schulmeisterei .... Aussagen zusammenfassen; den Text mit einem Kernsatz der Aufklärung vergleichen; eine aktualisierte Version verfassen 44

Francis Bacon: Über das Studieren .... den Inhalt zusammenfassen; den Tonfall charakterisieren; Textpassagen erschließen und diskutieren 45

Johann Wolfgang Goethe:
Eine Buchbesprechung .... den Text erschließen; den Text in modernes Deutsch übertragen; den Essay mit einem späteren Essay vergleichen 46

Heinrich von Kleist:
Über die allmähliche Verfertigung
der Gedanken beim Reden .... Textsortenmerkmale benennen; zentrale Gedanken erklären; eine Rezension formulieren; Aphorismen in Bezug zu verschiedenen Essays setzen; einen Essay schreiben 47

Essays aus dem 20. Jahrhundert

Albert Einstein:
Religion und Wissenschaft .... den Essay analysieren; eine Gliederung erstellen 49

Kurt Tucholsky:
Blick in ferne Zukunft .... den Essay vor dem Hintergrund seiner Entstehungszeit deuten; den Adressatenbezug erklären; das Menschenbild hinter dem Essay diskutieren; die Textsorte diskutieren 51

Thomas Mann:
Lob der Vergänglichkeit .... den Text zusammenfassen; den Essay mit einem anderen vergleichen; eine essayistische Stellungnahme verfassen 52

Ingeborg Bachmann / Siegfried Lenz:
Die Aufgabe der Literatur .... die Essays analysieren; Gemeinsamkeiten herausarbeiten; die eigene Meinung begründen; Inhalte diskutieren 53

Essays der Gegenwart

Hans Magnus Enzensberger:
Selbstgespräch eines Verwirrten .... den Essay analysieren; den pointierten Schluss erklären 55

Juli Zeh: Wir trauen uns nicht .... Fragen an die Autorin formulieren; Gemeinsamkeiten zwischen Aphorismus und Essay herausarbeiten 56

Dossiers

Dossiers: Einführung 58
Dossier 1: Über die Bedeutung der Literatur für das Leben 59
Dossier 2: Medien heute 62
Dossier 3: Glück ist … 65
Dossier 4: Wissenschaft und Verantwortung 68
Dossier 5: Toleranz – ein Wert und seine Bedeutung 70
Dossier 6: Wahrheit und Lüge – ein Wert und ein Unwert? 73
Dossier 7: Herr der Zeit – Knecht der Zeit? 76
Dossier 8: Mobilität heute 78

Lösungen 80

Vorwort und methodische Hinweise

„Rund um Essays": Der Titel umreißt das methodische Programm des Hefts; er ist nicht nur der Reihe geschuldet, in der er erscheint. Nicht um eine Definition geht es nämlich, sondern um eine schrittweise Annäherung an die Textgattung von unterschiedlichen Seiten. Texte aus der Geschichte des Essays und theoretische Bestimmungsversuche entwerfen bereits ein recht feinkörniges Bild dessen, was einen Essay ausmacht. Repräsentative Textbeispiele jüngeren und jüngsten Datums verfeinern und erweitern dieses Bild zusätzlich. Komplettiert werden diese Textbeispiele durch einen umfangreichen Materialienteil zu ausgewählten Themenbereichen sowie durch eine „Schreibwerkstatt", die den Lernenden wertvolle Hinweise für das Verfassen eigener Essays gibt.

Der Essay – ein Spaziergang?
„Ein Essay ist ein Spaziergang, ein Lustwandeln, keine Handelsreise. [...] Der eine Spaziergänger interessiert sich für die Blumen, ein anderer für die Aussicht, ein dritter sucht Insekten. Die Jagd nach Schmetterlingen ist erlaubt. Alles ist erlaubt – außer den Absichten des Vermessers, des Bauern, des Spekulanten." (Michael Hamburger, *Essay über den Essay*, 1965)
Die Bewegungsstruktur des Essayisten ist also eher das Promenieren als das geschäftig-zielbewusste Streben zum Arbeitsplatz; er will niemandem etwas beibringen, sondern selbst durch konzentriertes und bewusstes Wahrnehmen seiner Umwelt etwas lernen. Er will vom Sehen zum Erkennen finden. Diesem Lernprinzip folgt auch die Konzeption des Hefts: Nicht um die starre Vermittlung toten Wissens geht es, sondern durch kreativen Umgang mit Texten soll die Fähigkeit vermittelt werden, selbstständig im Umgang mit Texten zu Erkenntnissen zu kommen.

Das Heft ist in folgende Kapitel unterteilt:

1. Die Textsorte „Essay"
Von Montaigne im 16. Jahrhundert über Kurt Tucholsky und Theodor W. Adorno bis hin zu Marcel Reich-Ranicki und anderen reicht die Reihe derer, die sich zum Essay geäußert haben. Bereits durch diese Textbeispiele werden die zentralen Bausteine eines Essays angesprochen, die diese Textgattung bis heute charakterisieren. Deutlich wird dabei aber auch die Vielgestaltigkeit des Essays und die Problematik einer eindeutigen Bestimmung der Gattung.

2. Inhaltliche und formale Übungen
Die ungezwungene Erscheinungsform des Essays darf nicht darüber hinwegtäuschen, dass ein guter Essay einen erkennbaren gedanklichen Aufbau hat und nicht etwa einzelne spontane Gedanken willkürlich aneinanderreiht. Die zentralen Fragen sind: Wie strukturiert man etwas, das unstrukturiert scheinen kann, dies aber nicht sein soll? Wie baut man einen Essay auf? Wie erreicht man eine nachvollziehbare gedankliche Entwicklung und einen inneren Zusammenhang, ohne dabei in die Nähe einer Erörterung zu kommen?
Am Beispiel von Essays namhafter Autoren wie Hans Magnus Enzensberger, Max Frisch, Friedrich Dürrenmatt, Bertolt Brecht, Stefan Zweig oder Durs Grünbein geht dieses Kapitel handlungsorientiert schrittweise an die Produktion eines Essays heran, indem es authentische Essays in Teilen vorgibt und möglichst sinngemäß ergänzen lässt. Diese Rekonstruktionsversuche der Schülerinnen und Schüler schärfen deren Blick für immanente Textstrukturen und stilistische Feinheiten.

Carl Spitzweg, Der Sonntagsspaziergang, 1841.

Vorwort und methodische Hinweise

3. Schreibwerkstatt

Erweitert und vertieft werden die sprachlichen, inhaltlichen und formalen Übungen in der „Schreibwerkstatt". Hier werden im Detail Aspekte essayistischen Schreibens genannt und an ausgewählten Beispielen vertieft, der Schreibprozess wird von Beginn an nachvollzogen. Zuerst wird der Umgang mit dem Materialienteil, dem Dossier, besprochen, dann zeigt eine Gegenüberstellung von Erörterung und Essay typische Unterschiede beider Textsorten und schließlich wird – wiederum an Beispielen – dargestellt, wie man einen Essay überarbeitet.

4. Der Essay im Längsschnitt

Nach den zahlreichen verschiedenartigen Übungen zum Essay geht es in diesem Kapitel in erster Linie um eine Art Topografie der Textgattung. Gezeigt werden ihre Vielgestaltigkeit und deren Konsequenzen für einen interpretatorischen Zugriff auf den Essay. Das Kapitel besteht aus drei Teilen: Im ersten finden sich Texte aus der früheren Geschichte des Essays: Es beginnt mit Montaignes Essay „Über die Schulmeisterei" von 1580 und endet mit einem Essay Goethes aus dem Jahr 1824. Im zweiten Teil finden sich prominente Namen des 20. Jahrhunderts: Albert Einstein sinniert über „Religion und Wissenschaft" (1930), Thomas Mann stimmt ein „Lob der Vergänglichkeit" an (1952) und Siegfried Lenz' Essay „Wettlauf der Ungleichen" (1970) schließt ein Teilkapitel ab, in dem auch Tucholsky und Ingeborg Bachmann zu Wort kommen. Schließlich finden sich mit den Essays von Enzensberger und Juli Zeh auch zwei zeitgenössische Texte.

5. Dossiers

Viel Arbeit erspart den Schülerinnen und Schülern wie auch den Lehrkräften schließlich der letzte Teil des Hefts. Zu acht ganz unterschiedlichen Themenbereichen wurden Materialsammlungen zusammengestellt, wie sie in einigen Bundesländern den Schülerinnen und Schülern beim Abitur an die Hand gegeben werden. Diese so genannten Dossiers können als Hilfe beim Verfassen eines Essays verwendet werden. In jedem Fall geben sie wichtige Hinweise auf mögliche, im „Spaziergang des Essays" gangbare Wege und Sichtweisen.

Der Reiz des Unfertigen – ein vorläufiges Fazit

„Der Essay brüllt und schreit nicht, wie er auch nicht lauthals lacht; er predigt so wenig wie er doziert. Wut und Zorn sind verbannt; sie prägen sich nur im nachhallenden Satzrhythmus aus […]. Große Gefühle verschanzen sich hinter einem Zitat; Hohn und Spott werden zu feiner Ironie" (Bruno Berger, *Der Essay. Form und Geschichte*).

Der Essay liefert keine Wahrheiten, er ist von seinem Wesen her unabgeschlossen. Er plaudert, doch ohne zu schwätzen, er regt zum Denken an, auch zum Querdenken. Er ist prinzipiell offen, doch nicht x-beliebig. Er gibt den Schülerinnen und Schülern viele Freiheiten, doch keine absolute Freiheit. Ihn zu definieren ist fast unmöglich, ihn zu erkennen dagegen recht einfach. Der Essay wurde oft als das „Chamäleon" unter den Gattungen bezeichnet. Genau das macht ihn so reizvoll.

Versuche über den Essay

„Was den Inhalt angeht, müssen wir zugeben, dass der Essay schlechthin von allem handeln kann, dass er als literarische Form die größte Variationsbreite hat und sich nicht selten gerade dort hervorwagt, wo die Wissenschaft ihre Grenzen gegen die freie Intelligenz in Schutz nimmt; andererseits jedoch ist kennzeichnend für den Essay der ausgesprochen persönliche Bezug, der sich im Stil oder im prägnanten Gedankenprofil ausdrücken kann." (Karl August Horst)

Die Texte auf den Seiten 7 bis 12 definieren den Essay nicht, sondern umkreisen ihn. Einerseits engen sie die Beschreibung dessen, was einen Essay ausmacht, ein, indem sie gemeinsame Schnittmengen zeigen. Andererseits erweitern und modifizieren sie die Begriffsbestimmung, sodass schließlich ein Gewebe entsteht, das dem Geflecht konzentrischer Kreise vergleichbar ist, die sich gegenseitig in unterschiedlicher Stärke und an verschiedenen Stellen überschneiden, die gleichwohl aber auch individuelle Züge tragen.

Aufgaben

1. Lesen Sie die Texte auf den Seiten 7 bis 12 nach und nach. Bearbeiten Sie dabei jeweils die zu den Texten gestellten Aufgaben.

Michel de Montaigne (1533–1592): Über die Essais

Wenn meine Essais hier eine ernsthafte Kritik verdienten, so würde es sich, glaube ich, ergeben, dass ganz ungebildete und interesselose Menschen keinen rechten Geschmack daran finden würden, ebenso wenig aber auch hervorragend und ganz fein gebildete Geister; für die Ersten wäre das, was ich meine, zu schwer verständlich, für die Zweiten zu selbstverständlich. In der Mittelzone könnte es vielleicht einigermaßen gehen. …

Spricht man über rein Menschliches, so ist eine andere, eine weniger erhabene Ausdrucksweise angebracht, als wenn es sich um Gottes Wort handelt; wir sollten dessen Würde, Majestät und sakrale Kraft nicht missbrauchen. Die Theologie mag meinetwegen, wie es bei ihr Mode ist, bestimmte Begriffe mit Worten bezeichnen, die eigentlich in ihrem Bereich nicht zulässig sind, wie Fortuna, Schicksal, Zufall, Glück, Unglück, die Götter usw. Ich stelle die menschlichen Einfälle und meine persönlichen Einfälle einfach als Gedanken dar, die zum menschlichen Bereich gehören, und trenne sie scharf von denen des anderen Bereichs. Es sind keine Gedanken, die als durch göttliche Inspiration festgelegt und im Voraus geregelt anzusehen sind und die deshalb jeden Zweifel daran und jeden Streit darüber ausschließen würden. Ich trage keine Glaubenssätze, sondern unverbindliche Meinungen vor, über die man nachdenken soll; ich trage vor, was ich mir mit meinem Verstand so ausdenke, nicht, was ich nach Gottes Weisung zu glauben habe; wie ich es sage, ist ganz unkirchlich, nicht theologisch, aber immer sehr fromm. Wie Kinder ihre „Versuche" hinzeigen: Sie wollen daran lernen, nicht andere damit belehren.

Michel de Montaigne: Die Essais. Dieterich'sche Verlagsbuchhandlung, Leipzig 1953, S. 132f.

2. Formulieren Sie Montaignes Text um in drei Forderungen an den Essay. Thematisieren Sie dabei die folgenden Bereiche: Inhalt/Thema, Darstellungsform und Zweck.

3. Beschreiben Sie Montaignes Grundhaltung zum Essay mit Hilfe passender Adjektive. Legen Sie dafür eine Liste an, in der Sie Platz für weitere Eintragungen lassen.

Fortsetzung auf Seite 8

Versuche über den Essay

Ludwig Rohner (1927–2009): Versuch über den Essay

[…] Was ist der Essay? Der Begriff lässt sich synthetisch aus einigen hundert Beispielen gewinnen. Versuchsweise: Der deutsche Essay, eine eigenständige literarische Gattung, ist ein kürzeres, geschlossenes, locker komponiertes Stück betrachtsamer Prosa, das in ästhetisch anspruchsvoller Form einen einzigen, inkommensurablen Gegenstand kritisch deutend umspielt, dabei am liebsten reihend, verknüpfend, anschauungsbildend verfährt, den fiktiven Partner im geistigen Gespräch virtuos unterhält und dessen Bildung, kombinatorisches Denken, Phantasie erlebnishaft einsetzt. […]
Der Essay ist ein hohes sprachlich-gedankliches Spiel; dass er sich dabei an künstlerische Spielregeln hält, übersieht das geläufige Vorurteil. Man hat seit je, unter der Zensur einer Doktrin, beanstandet, er sei oberflächlich, ohne geziemenden Ernst; der Nationalsozialismus brachte ihn als „skeptisch und kampffern" in Verruf. Der geborene Essayist ließ es sich nie verdrießen. Was er schriftstellerisch unternimmt, scheint wasserzeichenhaft der Grundfigur unserer Existenz zu entsprechen, dem Bewusstsein, dass wir, pilgernderweise, das Ganze und Geschlossene nie erreichen. Dasein bescheidet sich auch formal, fordert den „tapferen Versuch". Wer seine Lebensform, praktisch und schriftstellerisch, als fragmentarischen „Versuch" begreift, würde lügen, täuschte er Vollkommenheit vor.

Ludwig Rohner: Versuch über den Essay. In: ders. (Hrsg.): Deutsche Essays, Prosa aus zwei Jahrhunderten. Luchterhand Verlag, München 1968, S. 20–22. © Ludwig Rohner.

Gero von Wilpert (1933–2009): Der Essay

Essay […]: kürzere Prosa-Abhandlung über einen künstlerischen oder wissenschaftlichen Gegenstand, eine aktuelle Frage des geistigen, kulturellen oder sozialen Lebens u. Ä. von allgemeinem, fachspezifischem Interesse in leicht zugänglicher, doch künstlerisch wie bildungsmäßig anspruchsvoller, geistreicher Form und anregend lockerem, doch geschliffenem, teils aphoristischem, ironischem, pointiertem und paradoxem Stil von eleganter Leichtigkeit mit einprägsamen, originellen Formulierungen.

Gero von Wilpert: Essay. In: ders.: Sachwörterbuch der Literatur. Metzler Verlag, Stuttgart 2001, S. 240ff.

Theodor W. Adorno (1903–1969): Der Essay als Form

In Deutschland reizt der Essay zur Abwehr, weil er an die Freiheit des Geistes mahnt […]. Er fängt nicht bei Adam und Eva an, sondern mit dem, worüber er reden will; er sagt, was ihm daran aufgeht, bricht ab, wo er selber am Ende sich fühlt […]. Das innerste Formgesetz des Essays [ist] die Ketzerei.

Theodor W. Adorno: Der Essay als Form. In: Noten zur Literatur I. © Suhrkamp Verlag, Frankfurt am Main 1971, S. 10f. und 49. Alle Rechte bei und vorbehalten durch Suhrkamp Verlag Berlin.

[R]

Aufgaben

4. Markieren Sie unklare Begriffe und Aussagen und klären Sie diese im gemeinsamen Gespräch.

5. Vergleichen Sie die drei Texte und schreiben Sie Gemeinsamkeiten heraus.

6. Nach Rohner hält sich der Essay „an künstlerische Spielregeln", nach Adorno ist „das innerste Formgesetz des Essays die Ketzerei": Sehen Sie in diesen Aussagen einen Widerspruch?

7. Fassen Sie stichwortartig zusammen, was die Texte über Inhalt, Stil, Darstellungsform und Adressatenbezug des Essays sagen, und ergänzen Sie Ihre Liste aus Aufgabe 3.

Michael Hamburger (1924–2007): Essay über den Essay

Schon das stimmt nicht ganz: Ein Essay darf eigentlich nichts behandeln, nichts bestimmen oder definieren. Ein Essay ist ein Spaziergang, ein Lustwandeln, keine Handelsreise. Wenn hier also „über" steht, kann es nur bedeuten, dass der Spaziergang über das genannte Feld geht, aber ohne jede Absicht, es zu vermessen. Dieses Feld wird nicht umgepflügt, auch nicht bebaut.

Es soll Wiese bleiben, wild. Der eine Spaziergänger interessiert sich für die Blumen, ein anderer für die Aussicht, ein dritter sucht Insekten. Die Jagd nach Schmetterlingen ist erlaubt. Alles ist erlaubt – außer den Absichten des Vermessers, des Bauern, des Spekulanten.

Auch ist jedem Spaziergänger erlaubt, von einem Feld zu berichten, was er gerade gesehen hat – wenn es auch nur die Vögel waren, die es überflogen, nur die Wolken, die noch weniger dazu gehören, nur die Abwandlungen von Vögeln oder Wolken im eigenen Kopf. Wer aber im Auto hinfuhr, im Auto sitzen blieb und dann sagt, er sei da gewesen, ist kein Essayist.

Darum ist der Essay eine veraltete Gattung (fast hätte ich „Form" geschrieben, aber der Essay ist keine Form, hat keine Form, er ist ein Spiel, das seine eigenen Regeln schafft). Der Essay ist ebenso veraltet wie die Kunst des Briefschreibens, wie die Kunst des Gesprächs, wie das Lustwandeln. Seit Montaigne ist der Essay höchst individualistisch, setzt aber zugleich eine Gesellschaft voraus, die den Individualismus nicht nur duldet, sondern auch genießt – eine Gesellschaft, die Zeit hat, zudem genug Bildung, um auf Information zu verzichten. Der ganze Geist der Essayistik ist in dem ersten Satz der ersten großen englischen Essaysammlung – der 1597 veröffentlichten von Francis Bacon – enthalten: „What is truth; said jesting Pilate; and would not stay for an Answer [sic]." Der scherzende Pilatus, der Fragen stellt, aber auf die Antwort nicht wartet, ist die urbildliche Verkörperung des Essays, der Essayistik und des Essayisten. Über dreihundert Jahre lang bewährte sich der englische Essay, auch nachdem der Ernst des viktorianischen Zeitalters seine eigentümliche Beziehung zur Wahrheit in Frage gestellt hatte. [...]

Der Essay ist keine Form, sondern vor allem ein Stil. Von der reinen, absoluten oder autonomen Kunst unterscheidet er sich durch seinen Individualismus. Der Witz des Essays, wie auch seine Berechtigung und sein Stil, liegt in der Persönlichkeit des Autors, weist immer auf sie zurück. Um die reine, unpersönliche Kunst geht es dem Essayisten so wenig wie um die Sache. Da die große Mehrzahl der so genannten kritischen Essays das Schwergewicht auf die Sache legt, also Antworten und Urteile bietet, beweist die Fortdauer dieser Gattung kein Überleben des Essays.

Die meisten kritischen Essays sind kurze Abhandlungen. Beim echten Essay ist es gleichgültig, ob sein Titel auf ein literarisches Thema deutet oder nicht, ob auf den Ursprung des Trauerspiels oder den Ursprung des Schweinebratens. [...]

Über die Leiche des Essays hinweg läuft unaufhaltsam der Geist der Essayistik, wird einmal hier, einmal dort gesehen, erscheint in Romanen, Erzählungen, Gedichten oder Feuilletons, manchmal auch wieder in dem so hoch ummauerten, streng bewachten Parkgelände der Philosophie, dem er vor Jahrhunderten entschlüpfte, um im wilden Feld zu wandern. Nie gesehen aber wird er dort, wo das wilde Feld auch als Erinnerung oder Möglichkeit aus dem Bewusstsein der Menschen verbannt wurde, wo sich die Mauern verabsolutiert haben und sogar das Gehen nur noch ein Kreislauf aus Zwang und Routine ist. An die überfüllten Straßen der Großstädte hat er sich gewöhnt, kaum an Fabriken, Kasernen, Büros, gar nicht an Gefängnishöfe und Vernichtungslager. Wer ständig an diese denken muss, kann die Ziellosigkeit und Unverbindlichkeit der Essayistik nicht dulden, nennt sie schamlos, egoistisch und frech. Aber irgendwo läuft der Geist der Essayistik weiter; und niemand weiß, wo er auftauchen wird. Vielleicht wieder im Essay?

Michael Hamburger: Das Überleben der Lyrik. © Carl Hanser Verlag, München 1993.

Aufgabe

8. Halten Sie stichwortartig fest, über welche Elemente des Essays Hamburger schreibt, und ergänzen Sie dann Ihre Liste mit Eigenschaften des Essays (Aufgabe 3).

Versuche über den Essay

Marcel Reich-Ranicki (*1920): Über den Essay und das Feuilleton

Ein Essay – was ist das eigentlich? Zunächst einmal: Auch wenn jeder Essay ein Aufsatz ist, so ist nicht jeder Aufsatz ein Essay. Darauf hinzuweisen ist dringend nötig, denn dieser schöne Begriff wird oft und gern missbraucht. Viele Autoren, deren Artikel keinerlei künstlerischen Anspruch erheben können, bezeichnen sie gern als „Essays", um so ihre Arbeit zu nobilitieren. […]

Anders als der Essay hat die Rede stets einen konkreten Anlass und ist immer öffentlich: So sprechen wir von Lobreden und Gedenkreden, von Wahl- und Gerichtsreden, von Parlaments- und akademischen Reden, von Predigten und Festansprachen. Die Redner wollen belehren und etwas beweisen, überzeugen und appellieren. Der Essay verzichtet auf eine solche Wirkung keineswegs, doch möchte er vor allem den Leser anregen und unterhalten.

Während die Abhandlung vom subjektiven Ansatz nichts wissen will, ihn unbedingt vermeiden oder zumindest verbergen möchte, vielmehr die wissenschaftliche Darlegung eines Sachverhalts oder Problems in der Regel in pädagogischer Absicht anstrebt und Präzision und Objektivität für unerlässlich hält, hat es der Essay auf eine systematische, gründliche oder gar erschöpfende Analyse des gewählten Themas nicht abgesehen. Die Voraussetzung des Essays ist die Unbefangenheit. Montaigne bekannte – es war 1680: „Das Glück des Staunens gibt mir das beste Argument." Bis heute haben sich die Essayisten, so nüchtern sie auch sein mögen, die Fähigkeit bewahrt, zu staunen. Sie begegnen der Welt mit unverbesserlicher Neugier, mit leisem Trotz und mit einer alles relativierenden Skepsis.

Der Essay ist – wie Friedrich Schlegel schrieb – „ein beständiges Experimentieren". Er kritisiert, wenn nicht immer, so doch oft, wenn nicht offen, so doch getarnt die etablierten Anschauungen, die gängigen Urteile und Vorstellungen. Und während die Abhandlung auf den ästhetischen Anspruch keinen sonderlichen Wert legt, ist dem Essay an einer künstlerischen Form gelegen, an einem persönlichen und womöglich temperamentvollen Stil, an einprägsamen Formulierungen. Goethe kam mehrfach auf das Gelegenheitsgedicht zu sprechen, das er, wie es in *Dichtung und Wahrheit* heißt, für die „erste und echteste aller Dichtarten" hielt. In diesem Sinne kann man wohl den Essay eine Gelegenheitsäußerung nennen.

[…] Der Essayist setzt in der Regel das Interesse der Leser (wenn er sich überhaupt um sie kümmert) für den von ihm gewählten Gegenstand voraus und auch ein bestimmtes Wissen. Er beruft sich bisweilen auf andere Schriftsteller und schmückt seine Arbeit gern mit Zitaten. Der Feuilletonist vergisst die Leser nie und will unbedingt ihr Interesse wecken. Aber anders als der Essayist versucht er, seine Bildung zu verbergen: Er fürchtet, mit vielen Namen, mit Zitaten und Anspielungen jene zu verschrecken, die er ebenfalls gewinnen möchte – die weniger informierten Leser. […]

Marcel Reich-Ranicki: Über den Essay und das Feuilleton. In: Der Kanon. Die Deutsche Literatur. Essays. Hrsg. v. Marcel Reich-Ranicki. © Insel Verlag, Frankfurt am Main und Leipzig 2006. Alle Rechte bei und vorbehalten durch Insel Verlag Berlin.

Aufgaben

9. Fassen Sie alle Kennzeichen des Essays, die in den Texten (S. 7–10) genannt wurden, in einer Mindmap zusammen. Diese sollte folgende Hauptäste enthalten: Inhalt/Thema, Stil, Darstellungsform, Adressatenbezug, Absicht. Weitere Hauptäste können ergänzt werden.

10. Stellen Sie sich vor, Marcel Reich-Ranicki würde seinen Text durch eine Abgrenzung des Essays zur Erörterung ergänzen. Verfassen Sie diese Abgrenzung, indem Sie auf Fragen des Inhalts, der Form, des Stils und des Bezugs auf einen möglichen Adressaten eingehen.

11. Welche Anforderungen an einen Essayisten können Sie Reich-Ranickis Text entnehmen?

Versuche über den Essay

Kurt Tucholsky (1890–1935): Die Essayisten

[…] Die Redlichkeit des alten Schopenhauer scheint bei den Deutschen nichts gefruchtet zu haben. Jeder Satz in den beiden Kapiteln *Über Schriftstellerei und Stil* und *Über Sprache und Worte* gilt noch heute und sollte, Wort für Wort, den Essayisten hinter die Ohren geschrieben werden, es wäre das einzig Lesbare an ihnen. „Den deutschen Schriftstellern würde durchgängig die Einsicht zustatten kommen, dass man zwar, wo möglich, denken soll wie ein großer Geist, hingegen dieselbe Sprache reden wie jeder Andere. Man brauche gewöhnliche Worte und sage ungewöhnliche Dinge: aber sie machen es umgekehrt." Jeder kennt ja diese fürchterlichen Diskussionen, die sich nach einem Vortrag zu erheben pflegen; da packen Wirrköpfe die Schätze ihrer Dreiviertelbildung aus, dass es einen graust, und man mag es nicht hören. Dieser Stil hat sich so eingefressen, dass es kaum einen Essayisten, kaum einen Kaufmann, kaum einen höhern Beamten gibt, der in seinen Elaboraten diesen schauderhaften Stil vermeidet. Das Maul schäumt ihnen vor dem Geschwätz, und im Grunde besagt es gar nichts. Wer so schreibt, denkt auch so und arbeitet noch schlechter. Es ist eine Maskerade der Seele.

Der Großpapa dieses literarischen Kostümfestes heißt Nietzsche, einer der Väter Spengler, und die österreichischen Kinder sind die begabtesten in der Kunst, sich zu verkleiden. Es gibt Anzeichen, an denen man alle zusammen erkennen kann, untrüglich. […]

Nur wenige Menschen vermögen das, was sie erleben, geschichtlich richtig zu sehn, und ganz und gar kann's keiner. Diese Essayisten tun so, als könnten sie's. Wir sehn an alten Kirchen hier und da kleine Dukatenmännchen, die machen Dukaten. So machen sie Geschichte.

Kein Wunder, dass dann der Stil, den sie schreiben, so grässlich aussieht; auf zwei linken Barockbeinen kommt er einhergewankt. „Das Wollen" gehört hierher. Die geschwollenen Adjektive, denen man kalte Umschläge machen sollte. Die dämliche Begriffsbestimmung, die für jeden Hampelmann eine eigne Welt aufbauen möchte. „Er kommt her von …" – „Für ihn ist …" – Der Missbrauch der Vokabeln: „magisch", „dynamisch", „dialektisch". Diese faden Klischees, die fertig gestanzt aus den Maschinen fallen: „das Wissen um …" – „wir wissen heute"; der „Gestaltwandel" und dann: der „Raum". Ohne „Raum" macht ihnen das ganze Leben keinen Spaß. Raum ist alles, und alles ist im Raum, und es ist ganz großartig. „Rein menschlich gesehn, lebt die Nation nicht mehr im Raum …" Man versuche, sich das zu übersetzen: es bleibt nichts, weil es aufgepustet ist. Früher hätte etwa ein Mann, der eine Bücherei leitete, gesagt: „Männer lesen gewöhnlich andre Bücher als Frauen, und dann kommt es auch noch darauf an, welchem Stand sie angehören." Viel steht in diesem Satz nicht drin; ich spräche oder schriebe ihn gar nicht, weil er nichts besagt. Heute spricht, nein – der Direktor der städtischen Bücherhallen ergreift das Wort: „Dieser Gegensatz zwischen Mann und Frau ist verschieden nach dem soziologischen Ort, an dem man vergleicht." Dieser soziologische Ort heißt Wichtigstein a. d. Phrase, aber so blitzen tausend Brillen, so rinnt es aus tausend Exposés, tönt es aus tausend Reden, und das ist ihre Arbeit: Banalitäten aufzupusten wie die Kinderballons. Stich mit der Nadel der Vernunft hinein, und es bleibt ein runzliges Häufchen schlechter Grammatik.

Und es sind nicht nur jene österreichischen Essayisten, von denen jeder so tut, als habe er grade mit Buddha gefrühstückt, dürfe uns aber nicht mitteilen, was es zu essen gegeben hat, weil das schwer geheim sei –: die Norddeutschen können es auch ganz schön. Zu sagen haben sie alle nicht viel – aber so viel zu reden! […]

Ich habe eine Sammlung von dem Zeug angelegt; sie wächst mir unter den Händen zu breiten Ausmaßen. „Der vollkommene Sieg der Technik reißt unsere ganze Gesinnung ins Planetarische." – „Hier ist dämonisches Wissen um letzte Dinge der Seele mit einer harten, klaren, grausam scheidenden Darstellungskunst vereint – unendliches Mitleid mit der Kreatur kontrastiert großartig mit einer fast elementaren Unbarmherzigkeit der Gestaltung." Wo er recht hat, hat er recht, und das hat sich Stefan Zweig wahrscheinlich auf einen Gummistempel setzen lassen, denn es passt überall hin, weil es nirgends hinpasst. […]

Man setze den mittlern Studienrat, Syndikus, Bürgermeister, Priester, Arzt oder Buchhändler auf das Wägelchen dieser Essay-Sprache, ein kleiner Stoß – und das Gefährt surrt ab, und sie steuern es alle, alle. „Der heutige Mensch, so er wirken will, muss innerlich verhaftet sein, sei es in seinem Ethos, in seiner Weltanschauung oder in seinem Glauben, aber er darf sich nicht isolieren durch Verharren in seinem Gedankengebäude, sondern muss kraft sei-

Fortsetzung von Seite 11

Versuche über den Essay

nes Geistes seine Grundhaltung stets neu verlebendigen und prüfen." Wenn ich nicht irre, nennt man das jugendbewegt.

Verwickelte Dinge kann man nicht simpel ausdrücken; aber man kann sie einfach ausdrücken. Dazu muss man sie freilich zu Ende gedacht haben, und man muss schreiben, ohne dabei in den Spiegel zu sehn. Gewiss ließen sich Sätze aus einem philosophischen Werk herauslösen, die für den Ungebildeten kaum einen Sinn geben werden, und das ist kein Einwand gegen diese Sätze. Wenn aber ein ganzes Volk mittelmäßiger Schreiber, von denen sich jeder durch einen geschwollenen Titel eine Bedeutung gibt, die seinem Sums niemals zukommt, etwas Ähnliches produziert wie ein Denkmal Platos aus Hefe, bei dreißig Grad Wärme im Schatten, dann darf denn doch wohl dieser lächerliche Essay-Stil eine Modedummheit genannt werden. Unsre besten Leute sind diesem Teufel verfallen, und der große Rest kann überhaupt nicht mehr anders schreiben und sprechen als: „Es wird für jeden von uns interessant sein, die Stellungnahme des Katholizismus zu den einzelnen Lebensproblemen und den aktuellen Zeitfragen kennen zu lernen und zu sehen, welche Spannungseinheiten hier zwischen traditionsgebundener Wirtschaftsauffassung und der durch die Notwendigkeiten der Zeit geforderten Weiterentwicklung bestehen." So versauen sie durch ihr blechernes Geklapper eine so schöne und klare Sprache, wie es die deutsche ist. Sie kann schön sein und klar. Die abgegriffenen Phrasen einer in allen Wissenschaftsfächern herumtaumelnden Halbbildung haben sie wolkig gemacht. Die deutsche Sprache, hat Börne einmal gesagt, zahlt in Kupfer oder in Gold. Er hat das Papier vergessen. […]

Versuche, einen Roman zu schreiben. Du vermagst es nicht? Dann versuch es mit einem Theaterstück. Du kannst es nicht? Dann mach eine Aufstellung der Börsebaissen in New York. Versuch, versuch alles. Und wenn es gar nichts geworden ist, dann sag, es sei ein Essay.

Ignaz Wrobel [d.i. Kurt Tucholsky]: Die Essayisten. In: Gesammelte Werke, Band 9. Rowohlt Verlag, Reinbek bei Hamburg 1985, S. 190 ff.

Aufgaben

12. Leiten Sie aus Tucholskys Kritik einige Regeln für einen guten Schreibstil ab. Was ist zu beachten, was zu vermeiden? Ergänzen Sie anschließend Ihre Mindmap aus Aufgabe 9.

13. Betrachten Sie nun Tucholskys Stil und charakterisieren Sie ihn mit treffenden Adjektiven.

14. Wieso verfasst Tucholsky für seine Essay-Kritik einen Essay? Oder handelt es sich bei Tucholskys Text etwa gar nicht um einen Essay? Untersuchen Sie diese Fragen.

15. Verfassen Sie einen analogen Text, der heutige Sprachblüten aufs Korn nimmt. Bauen Sie dabei einen der folgenden Aphorismen ein.

Auf den Punkt gebracht

Wie ist jede – aber auch jede – Sprache schön,
wenn in ihr nicht nur geschwätzt, sondern gesagt wird.
(Christian Morgenstern)

Die Sprache gehört zum Charakter des Menschen.
(Sir Francis Bacon)

Am unverständlichsten reden Leute daher,
denen die Sprache zu nichts weiter dient,
als sich verständlich zu machen.
(Karl Kraus)

Den Mittelteil eines Essays ergänzen

In dem folgenden Essay Friedrich Dürrenmatts aus dem Jahr 1969 sind Anfangsteil und Schlussteil vorgegeben:

Friedrich Dürrenmatt (1921–1990): Die vier Verführungen des Menschen durch den Himmel

Zugegeben, ich war auf das größte Ereignis des Jahrhunderts denkbar schlecht vorbereitet: Zwölf Wochen aufgezwungene Beschäftigung mit der Weltgeschichte – um mich nicht über Literatur aufzuregen – regten mich doch auf: die Eseleien, von denen ich las, waren zu gewaltig, um nicht ernüchternd zu wirken. Der Mensch ist offenbar ein Pechvogel, nicht weil er nicht fliegen könnte – das kann er ja inzwischen –, sondern weil er immer wieder vom Himmel verführt wird, mehr als ein Mensch sein zu wollen: etwas Absolutes. Kaum hatte zum Beispiel die römische Republik die alte Welt geordnet, verwandelte sie sich in ein Imperium und den Kaiser in einen Gott; die Menschen lassen sich zwar von Menschen regieren, aber wollen diese Menschen als Götter sehen. Das ist die erste Verführung des Menschen durch den Himmel. […]

Die zweite Verführung durch den Himmel ist ungleich delikater: Daß der römische Kaiser ein Gott sei, glaubte wahrscheinlich nicht einmal ein römischer Kaiser. Es war mehr eine juristische Notlösung, das Imperium irgendwie im Himmel zu verankern. Erst das Genie Konstantin der Große kam auf die Idee, es sei einleuchtender, Gottes Stellvertreter zu sein als Gott selber: Ein Gott, der Blut vergießt, muß sich vor den Menschen rechtfertigen, vergießt man Blut im Namen Gottes, kann man sich mit Gott rechtfertigen. Man war auf die Verwendbarkeit des Himmels als Staatsideologie gekommen. […]

Am perfidesten war die dritte Versuchung des Menschen durch den Himmel. Die Bahnen der Gestirne lassen sich berechnen, am Himmel schärfte sich der menschliche Verstand, am Himmel entdeckte er die Naturgesetze. Aus dem Himmel wurde der Weltraum, wo sich die Erde um die Sonne dreht und die Sonne um den Mittelpunkt der Milchstraße. Es war daher nur natürlich, daß der Mensch dazu überging, sich selber als Natur zu erkennen und an sich selber die Vernunft anzuwenden. Er begann, die Ideologie des christlich getarnten Staates zu durchschauen und zu rebellieren, bis es zur Französischen Revolution und zum Marxismus kam, doch ausgerechnet an diesem so wichtigen Wendepunkt ihrer Geschichte fiel die Menschheit zum dritten Male auf den Himmel herein: Sie versuchte in der Politik die Vollkommenheit der Naturgesetze nachzuahmen: der Marxismus wurde dogmatisch und beanspruchte für sich die Unfehlbarkeit der Weltraummechanik. […]

Und nun stellte uns der Himmel zum viertenmal eine Falle, und prompt wie eine Maus liefen wir in sie hinein […].

*** Mittelteil ***

Bloß, weil uns der Himmel verführte, ihn zu erobern, statt das, was uns allein gehört, vernünftig zu gestalten: unsere Erde. Es gibt keine andere Heimat, und jeder Fluchtversuch ist eine Utopie. Der Weltraumflug hat nur dann einen Sinn, wenn wir durch ihn die Erde entdecken und damit uns selber. Am 20. Juli 1969 bin ich wieder ein Ptolemäer[1] geworden.

1 Ptolemäus (ca. 100–175 n. Chr.): wichtigster Vertreter des geozentrischen Weltbildes

Friedrich Dürrenmatt: Philosophie und Naturwissenschaft. Copyright © 1986 Diogenes Verlag AG Zürich.

Aufgabe

1. Verfassen Sie am PC oder auf einem separaten Blatt einen Mittelteil zu Dürrenmatts Essay. Bemühen Sie sich um einen sinnvollen Anschluss an die vorgegebenen Originalteile.
   Tipp: Recherchieren Sie zuerst im Internet zu den zeitgeschichtlichen – politischen und sozialen – Inhalten, die sich mit dem Jahr 1969 verbinden.

Fortsetzung von Seite 13

Den Mittelteil eines Essays ergänzen

Aufgaben

2. Wo könnte der folgende Textabschnitt aus Dürrenmatts Essay in dem von Ihnen ergänzten Text einen Platz finden? Lassen sich Dürrenmatts Ausführungen in Ihren Text integrieren?

Am 20. Juli 1969 begann nicht ein neues Zeitalter, sondern der Versuch, sich aus dem unbewältigten 20. Jahrhundert in den Himmel wegzustehlen. Nicht die menschliche Vernunft wurde bestätigt, sondern deren Ohnmacht. Es ist leichter, auf den Mond zu fliegen, als mit anderen Rassen friedlich zusammenzuleben, leichter, als eine wirkliche Demokratie und einen wirklichen Sozialismus durchzuführen, leichter, als den Hunger und die Unwissenheit zu besiegen, leichter, als den Vietnamkrieg zu vermeiden oder zu beenden, leichter, als den wirklichen Mörder eines Präsidenten zu finden, leichter, als zwischen den Arabern und den Juden und zwischen den Russen und den Chinesen Frieden zu stiften, leichter, als die Sahara zu bewässern, leichter, als den von einer kleinen weißen Volksgruppe besiedelten Kontinent Australien auch für andere Rassen zu öffnen, ja leichter, als das Zweistromland des Tigris und des Euphrat wieder zu jener fruchtbaren Ebene zu machen, die es einst war.
Nicht der Mondflug ist das Schlimmste, er ist nichts als eines jener technischen Abenteuer, das durch die Anwendung von Wissenschaften immer wieder möglich wird: Schlimm ist die Illusion, die er erweckt.

Friedrich Dürrenmatt: Philosophie und Naturwissenschaft.
Copyright © 1986 Diogenes Verlag AG Zürich. [R]

3. Diskutieren Sie, ob sich die unten abgedruckten Aphorismen auf Dürrenmatts Essay beziehen lassen oder ob sie gänzlich andere Facetten des Themas „Fortschritt" ansprechen.

4. Schreiben Sie selbst einen Essay zum Thema „Fortschritt". Nehmen Sie dabei auch auf einen oder mehrere der Aphorismen Bezug.
Tipp: Sie können einen Aphorismus z. B. zitieren, um Ihre eigene Meinung zu verstärken, Sie können ihn aber auch zum Anlass für eine kritische Auseinandersetzung nehmen.

Auf den Punkt gebracht

Immerwährender Fortschritt ist nur um den Preis immerwährender Unzufriedenheit zu erkaufen.
(Marie von Ebner-Eschenbach)

Der Fortschritt feiert Pyrrhussiege über die Natur.
(Karl Kraus)

Die Dummheit, die Schurkerei wachsen: Das gehört zum „Fortschritt".
(Friedrich Nietzsche)

Jeder Zoll, den die Menschheit weiterrückt, kostet Ströme Blutes.
(Heinrich Heine)

Anfang und Ende eines Essays ergänzen

Eine Einleitung im herkömmlichen Sinne, wie wir sie beispielsweise bei der Erörterung oder der Interpretation haben, kennt der Essay nicht – wohl aber beginnt er häufig mit einer überraschenden Wendung, die die Lesenden ansprechen und zum Weiterlesen animieren soll. Der Schlussteil kann, muss aber nicht, wieder auf den Anfang zurückweisen. Er sollte aber kein abschließendes Fazit bringen – wie zum Teil bei der Erörterung –, sondern den Leser / die Leserin eher zum Weiterdenken auffordern.

Aufgabe

1. Lesen Sie Frischs Text genau und fassen Sie seine zentrale Aussage kurz zusammen.

Max Frisch (1911–1991): Beim Lesen

*** Anfang ***

Die hundert Dinge nämlich, die dem Verfasser nicht einfallen, warum fallen sie mir selber erst ein, wenn ich ihn lese? Noch da, wo wir uns am Widerspruch entzünden, sind wir offenbar die Empfangenden. Wir blühen aus eigenen Zweigen, aber aus der Erde eines andern. Jedenfalls sind wir glücklich. Wogegen ein Buch, das sich immerfort gescheiter erweist als der Leser, wenig Vergnügen macht und nie überzeugt, nie bereichert, auch wenn es hundertmal reicher ist als wir. Es mag vollendet sein, gewiß, aber es ist verstimmend. Es fehlt ihm die Gabe des Gebens. Es braucht uns nicht. Die anderen Bücher, die uns mit unseren eigenen Gedanken beschenken, sind mindestens die höflicheren; vielleicht auch die eigentlich wirksamen. Sie führen uns in den Wald, wo sich die Wege in Sträuchern und Beeren verlaufen, und wenn wir unsere Taschen gefüllt sehen, glauben wir durchaus, dass wir die Beeren selber gefunden haben. Oder haben wir nicht? Das Wirksame solcher Bücher aber besteht darin, daß kein Gedanke uns so ernsthaft überzeugen und so lebendig durchdringen kann wie jener, den uns niemand hat aussprechen müssen, den wir für den unseren halten, nur weil er nicht auf dem Papier steht –.

Natürlich gibt es noch andere Gründe, warum die vollendeten Bücher, die nur noch unsere Bewunderung zulassen, nicht jederzeit unsere liebsten sind. Wahrscheinlich kommt es darauf an, was wir im Augenblick dringender brauchen, Abschluß oder Aufbruch, Befriedigung oder Anregung. Das Bedürfnis wechselt wohl von Mensch zu Mensch, ebenso von Lebensalter zu Lebensalter, und auf eine Weise, die man gern ergründet sähe, hängt es jedenfalls auch mit dem Zeitalter zusammen. Mindestens ließe sich denken, daß ein spätes Geschlecht, wie wir es vermutlich sind, besonders der Skizze bedarf, damit es nicht in übernommenen Vollendungen, die keine eigene Geburt mehr bedeuten, erstarrt und erstirbt. Der Hang zum Skizzenhaften, der unsere Malerei schon lange beherrscht, zeigt sich auch im Schrifttum nicht zum erstenmal; die Vorliebe für das Fragment, die Auflösung überlieferter Einheiten, die schmerzliche oder neckische Betonung des Unvollendeten, das alles hatte schon die Romantik, der wir zum Teil so fremd, zum Teil so verwandt sind. Das Vollendete: nicht gemeint als Meisterschaft, sondern als Geschlossenheit einer Form. Es gibt, so genommen, eine meisterhafte Skizze und eine stümperhafte Vollendung, beispielsweise ein stümperhaftes Sonett. Die Skizze hat eine Richtung, aber kein Ende; die Skizze als Ausdruck eines Weltbildes, das […]

*** Ende ***

Max Frisch: Beim Lesen. Aus: Tagebuch 1946–1949. In: Gesammelte Werke in zeitlicher Folge. Hrsg. v. Hans Mayer. Band 2: 1944–1949. © Suhrkamp Verlag, Frankfurt am Main 1976. Alle Rechte bei und vorbehalten durch Suhrkamp Verlag Berlin.

Fortsetzung von Seite 15

Anfang und Ende eines Essays ergänzen

Aufgaben

2. Verfassen Sie einen Anfangsteil, der die folgenden Aspekte berücksichtigt:
   - nahtloser Übergang zum Mittelteil,
   - motivierender Beginn, der zum Weiterlesen anregt,
   - persönlicher Stil (1. Pers. Sing. oder Pl.).

3. Ergänzen Sie Frischs Text, indem Sie zunächst den angefangenen Satz vervollständigen. Schreiben Sie den Text dann zu Ende. Sie können zum Beispiel:
   - an die Einleitung anknüpfen,
   - zentrale Einsichten pointiert zusammenfassen,
   - Konsequenzen ziehen, Forderungen formulieren, Ausblicke gewähren.

   Tipp: Bedenken Sie, dass der Schluss eines Essays häufig auch Fragen offenlässt und sich mit Denkanstößen begnügt.

4. Analysieren Sie den folgenden Anfang eines (unvollendeten) Essays von Robert Musil. Inwieweit ist er typisch für den Beginn eines Essays und insofern übertragbar auf andere Themen?

Robert Musil (1880–1942): Die Nation als Ideal und als Wirklichkeit

Beispiel für den Beginn eines modernen Essays [Originaluntertitel von R. Musil, Anm. d. Verf.]

Indem ich anhebe, die Frage des Nationalgefühls als eine Frage zu behandeln, während sie seit 1914 nur als Antwort zu existieren scheint, als leidenschaftliche, unbekümmerte Bejahung oder Verneinung, indem ich dies mitten in einem überaus kritischen Abschnitt unseres Schicksals versuche, wo scheinbar jeder Zweifel am Begriff der Nation vermieden sein sollte, muss ich dennoch die Entschuldigung abweisen, ich tue es, weil ich eine neue Antwort weiß und mich der Prophet treibt, sie zu verkünden. Ich kenne in der Tat nur Teilantworten oder Antworten, die nur zum Teil befriedigen. Aber gerade in diesem Mangel, der ungeachtet allen Bemühens, ihn zu beheben, bestehen bleibt, erkenne ich die Notwendigkeit, dass einer einmal nicht in fertiger Überzeugung von der Sache spricht, sondern aus der unverhohlenen Hilflosigkeit heraus, in der wir uns trotz aller Phrasen ihr gegenüber befinden.

Robert Musil: Die Nation als Ideal und als Wirklichkeit. In: Gesammelte Werke, Band 2. Rowohlt Verlag, Reinbek bei Hamburg 1978.

Inhaltliche Lücken in einem Essay schließen

In diesem mit Lücken versehenen Essay von Donna Leon sollen textinterne Zusammenhänge mittels Textbausteinen erschlossen werden. Es gilt, die verbindenden Aspekte zu erkennen und zu ergänzen. Dabei gibt es freilich keine einzig richtige Lösung, sondern es sind im Gegenteil zahlreiche Varianten denkbar. Wichtig ist lediglich, dass eine textimmanente Logik und eine Stringenz der Gedankenführung erkennbar sind.

Aufgabe

1. Lesen Sie die Textausschnitte auf den Seiten 17 und 18 und machen Sie sich klar, wogegen sich die Autorin richtet.

Donna Leon (*1942): Notizen aus Venedig

Die wahre Bedrohung
Schon eigenartig, was alles so aus einem herausplatzt, wenn man nicht aufpasst: Als wir Kinder waren, erklärte man solche Versprecher damit, dass uns der Teufel etwas eingeflüstert hätte. Später war die Rede von Freud'schen Fehlleistungen, was auch gleich viel erwachsener klang. Schließlich fingen sogar amerikanische Politiker an zu sagen, sie hätten sich „versprochen", wenn sie mal wieder etwas arg locker mit der Wahrheit umgegangen waren.
Vor einigen Tagen wollte ich einem französischen Journalisten erklären, wie die derzeitige US-Regierung in ihrem Orwell'schen Bemühen um Machtausweitung ständig versucht, unter ihren Bürgern Angst zu schüren. Als Beispiel wollte ich die paranoiden[1] Behauptungen über die „Bedrohung durch den internationalen Terrorismus" anführen, aber heraus kam „die Bedrohung durch den internationalen Tourismus". Ein Versprecher.

Doch Moment mal – könnte hier nicht ein Fünkchen Wahrheit versteckt sein?

***

Da ich in Venedig wohne, lebe ich direkt mit den Folgen des internationalen Tourismus.

***

Vergleichen Sie das nun, so Sie möchten, mit den Terroristen. Ruinieren die den Lebensstil einer ganzen Stadt? Verursachen sie eine gigantische Luft-, Wasser- und Umweltverschmutzung? Haben sie Shoppen zur religiösen Handlung erklärt? Zugegeben, sie ermorden Menschen, aber …

***

Inhaltliche Lücken in einem Essay schließen

Fortsetzung von Seite 17

30 Es ist letztlich alles eine Frage der Ästhetik: Terroristen laufen zwar in Plastiksandalen und Schlafanzug herum und tragen auch gern mal ein Küchentuch auf dem Kopf, aber sind sie nicht schlanke, drahtige, oft attraktive Männer? Weder bevölkern
35 sie in Bermudashorts die Basiliken und Museen, noch hat man je einen von ihnen dabei gesehen, wie er mit einer Plastikflasche in der Hand, iPod im Ohr und Baseballkappe auf dem Kopf so tut, als betrachte er die Pietà[2].
40 Die Leute grummeln immer über Touristen – ich weiß das, weil ich es selbst übermäßig oft tue. Regierungen dagegen ignorieren fröhlich die Schäden, die Touristen verursachen. Noch nie wurde jemand wegen Tourismus angeklagt oder aus einem Bus
45 gezerrt, inhaftiert und fünf Jahre lang gefoltert, bis er gestanden hat, den Planeten zu plündern.

***

Warum? Weil Touristen einkaufen, Geld ausgeben und so den weltweiten Konsum mehren. Wird also wohl nichts werden mit der Vorstellung, in Bälde einmal in den Morgennachrichten bei CNN die 50 Eilmeldung zu hören: „Ehepaar aus Minnesota bei Razzia in Touristenabsteige aufgegriffen".

[1] Paranoia: psychische Störung, die sich in Verfolgungswahn äußert
[2] Pietà: Motiv aus der Malerei: Maria mit dem Leichnam des vom Kreuz abgenommenen Jesus

Donna Leon: Notizen aus Venedig. Aus dem Englischen von Christa E. Seibicke. Copyright © 2008 Donna Leon und Diogenes Verlag AG Zürich.

Aufgaben

2. Ergänzen Sie die fehlenden Textpassagen. Tauschen Sie dann Ihre Ergebnisse aus und kommentieren Sie den Text Ihres Nachbarn / Ihrer Nachbarin.

3. Schreiben Sie einen Essay zum Thema „Tourismus". Nehmen Sie dabei an geeigneter Stelle Bezug auf den einen oder anderen der folgenden Aphorismen.

Auf den Punkt gebracht

Die beste Bildung findet ein gescheiter Mensch auf Reisen.
(Johann Wolfgang Goethe)

Nur Reisen ist Leben, wie umgekehrt das Leben Reisen ist.
(Jean Paul)

Die besten Reisen, das steht fest, sind die oft, die man unterlässt.
(Eugen Roth)

Was wundert es euch, dass euch eure Reisen nichts nützen, da sich jeder noch selbst mit herumschleppt?
(Sokrates, † 399 v. Chr.)

Die Deutschen werden nicht besser im Ausland, wie das exportierte Bier.
(Heinrich Heine)

Einen Essay strukturieren

Auf den Seiten 19 und 20 können Sie die gedankliche Struktur eines Essays wieder herstellen.

Aufgaben

1. Lesen Sie die Absätze mit den **fett** gedruckten Ziffern auf den Seiten 19 bis 20 sehr genau und machen Sie sich klar, worum es in Brechts Essay geht. Lesen Sie dann die anderen Abschnitte.

2. Bringen Sie die vertauschten Absätze wieder in eine sinnvolle und möglichst schlüssige Reihenfolge. Dabei helfen Ihnen die folgenden Informationen:
   - Die Absätze mit den fett gedruckten Ziffern stehen bereits in der richtigen Position.
   - Die anderen Textpassagen müssen nur innerhalb der richtig positionierten Absätze verschoben werden (z. B. können die Absätze 2, 3 und 4 nicht nach **5** kommen).

   Tipp: Schneiden Sie die Absätze aus, dann lassen sie sich leichter sortieren.
   Alternativ können Sie die Absätze natürlich auch in der richtigen Reihenfolge nummerieren.

Bertolt Brecht (1898–1956): Betrachtung der Kunst und Kunst der Betrachtung
Reflexionen über die Porträtkunst in der Bildhauerei (1939)

1) Es ist eine sehr alte und ganz fundamentale Meinung, daß ein Kunstwerk im Grund auf alle Menschen wirken müsse, gleichgültig was ihr Alter, ihr Stand, ihre Erziehung sei. Die Kunst, heißt es, wendet sich an den Menschen, und es ist einer ein Mensch, ob er alt oder jung, Kopfarbeiter oder Handarbeiter, gebildet oder ungebildet ist. Und es können deshalb alle Menschen ein Kunstwerk verstehen und genießen, weil alle Menschen etwas Künstlerisches in sich haben.

2) Es gibt viele Künstler – und es sind das nicht die schlechtesten –, die entschlossen sind, auf keinen Fall nur für diesen kleinen Kreis von „Eingeweihten" Kunst zu machen, die für das ganze Volk schaffen wollen. Das klingt demokratisch, aber meiner Meinung nach ist es nicht ganz demokratisch. Demokratisch ist es, den „kleinen Kreis der Kenner" zu einem großen Kreis der Kenner zu machen.

3) So sagt man, aber zugleich weiß man doch, daß es Leute gibt, die mit Kunst mehr anfangen, aus Kunst mehr Genuß ziehen können als andere Leute. Es ist das der berüchtigte „kleine Kreis der Kenner".

4) Aus dieser Meinung ergibt sich häufig eine ausgesprochene Abneigung gegen sogenannte Kommentare zu Kunstwerken, gegen eine Kunst, die allerhand Erklärungen nötig hat und nicht „durch sich selber" wirken kann. „Wie", sagt man, „Kunst soll auf uns erst dann wirken können, wenn die Gelehrten darüber Vorträge gehalten haben? Der ‚Moses' des Michelangelo soll uns erst ergreifen, wenn ein Professor ihn uns erklärt hat?"

5) Denn die Kunst braucht Kenntnisse.

6) Wie entsteht sein Abbild eines Kopfes?

7) Die Betrachtung der Kunst kann nur dann zu wirklichem Genuß führen, wenn es eine Kunst der Betrachtung gibt.

8) Wenn man zum Kunstgenuß kommen will, genügt es ja nie, lediglich das Resultat einer künstlerischen Produktion bequem und billig konsumieren zu wollen; es ist nötig, sich an der Produktion selbst zu beteiligen, selbst in gewissem Umfang produktiv zu sein, einen gewissen Aufwand an Phantasie zu treiben, seine eigene Erfahrung der des Künstlers zuzugesellen oder entgegenzuhalten usw. Selbst der nur ißt, arbeitet: zerschneidet das Fleisch, führt den Bissen zum Mund, kaut. Den Kunstgenuß kann man nicht billiger bekommen.

Fortsetzung auf Seite 20

9) So richtig es ist, daß in jedem Menschen ein Künstler steckt, daß der Mensch das künstlerischste unter allen Tieren ist, so sicher ist es auch, daß diese Anlage entwickelt werden kann und daß sie auch verkümmern kann. Der Kunst liegt ein Können zugrunde, und es ist ein Arbeitenkönnen. Wer Kunst bewundert, bewundert eine Arbeit, eine sehr geschickte und gelungene Arbeit. Und es ist nötig, etwas von dieser Arbeit zu wissen, damit man sie bewundern und ihr Ergebnis, das Kunstwerk, genießen kann.

10) So ist es nötig, die Mühen des Künstlers mitzumachen, in abgekürztem Verfahren, aber doch eingehend. Er hat Mühe mit seinem Material, dem spröden Holz, dem oft allzu weichen Lehm, und er hat Mühe mit dem Gegenstand, in unserm Falle etwa einem menschlichen Kopf.

11) Es ist lehrreich – und auch genußreich –, wenigstens im Bild die verschiedenen Phasen festgehalten zu sehen, die ein Kunstwerk, die Arbeit geschickter und beseelter Hände, durchläuft, und etwas von den Mühen und Triumphen ahnen zu können, die der Bildhauer bei seiner Arbeit erlebte.

12) Das ist eine sehr wichtige Kunst für jedermann. Das Kunstwerk lehrt den Beschauer nicht nur, den besonderen Gegenstand richtig, das heißt tief, umfassend und mit Genuß zu betrachten, den es gerade gestaltet, sondern auch andere Gegenstände. Es lehrt überhaupt Betrachten. Ist Kunst der Betrachtung schon nötig, damit man über die Kunst als Kunst etwas in Erfahrung bringt, damit man weiß, was Kunst ist, damit man das Schöne schön finden, die Maße des Kunstwerks mit Entzücken genießen, den Geist des Künstlers bewundern kann, so ist sie noch viel nötiger, damit man die Gegenstände begreift, die der Künstler in seinem Kunstwerk behandelt. Denn das Werk des Künstlers ist nicht nur eine schöne Aussage über einen wirklichen Gegenstand (einen Kopf, eine Landschaft, ein Vorkommnis unter Menschen usw.) und nicht nur eine schöne Aussage über die Schönheit eines Gegenstands, sondern eben vor allem auch eine Aussage über den Gegenstand, eine Erklärung des Gegenstands. Das Kunstwerk erklärt die Wirklichkeit, die es gestaltet, es berichtet und überträgt die Erfahrungen des Künstlers, die er im Leben gemacht hat, es lehrt die Dinge der Welt richtig sehen.

13) Die Künstler verschiedener Zeitalter sehen natürlich die Dinge sehr verschieden. Ihr Sehen hängt nicht nur von ihrer individuellen Eigenart ab, sondern auch von dem Wissen, das sie *und ihre Zeit* von den Dingen haben. Es ist ein Charakteristikum *unserer* Zeit, die Dinge in ihrer Entwicklung, als sich verändernde, von andern Dingen und allerhand Prozessen beeinflußte, veränderbare Dinge zu betrachten. Diese Betrachtungsart finden wir in unserer Wissenschaft ebenso wie in unserer Kunst.

14) Da sind zunächst die groben, ein wenig wilden Grundformen, kühn herausgeholt, da ist die Übertreibung, die Heroisierung, wenn man will, die Karikatur. Da ist noch etwas Tierisches, Ungestaltes, Brutales. Dann kommen die näheren, feineren Aussagen. Ein Detail, etwa die Stirn, beginnt beherrschend zu werden. Dann kommen die Korrekturen. Der Künstler macht Entdeckungen, stößt auf Schwierigkeiten, verliert den Zusammenhang, konstruiert einen neuen, legt eine Ansicht ab, formuliert eine neue.

15) Man beginnt, dem Künstler zusehend, seine Fähigkeit, zu beobachten, kennenzulernen. Er ist ein *Künstler* der Betrachtung. Er betrachtet einen lebendigen Gegenstand, einen Kopf, der lebt und der gelebt hat, und er hat große Übung in der Beobachtung, ist ein Meister im Sehen. Man ahnt, daß man von dieser seiner Fähigkeit, zu beobachten, lernen kann. Er lehrt einen die Kunst der Beobachtung der Dinge.

16) Die künstlerischen Abbildungen der Dinge drücken mehr oder weniger bewußt die neuen Erfahrungen aus, die wir mit den Dingen gemacht haben, unser zunehmendes Wissen um die Kompliziertheit, Veränderlichkeit und widerspruchsvolle Natur der Dinge um uns und – unserer selbst.

Bertolt Brecht: Betrachtung der Kunst und Kunst der Betrachtung. Aus: Werke. Große kommentierte Berliner und Frankfurter Ausgabe, Band 22: Schriften 2. © Bertolt-Brecht-Erben/Suhrkamp Verlag 1993.

R

Einen Essay inhaltlich erweitern

Die folgenden Texte thematisieren das Verhältnis von Kunst bzw. Literatur und Interpretation. Dabei finden sich bei aller Unterschiedlichkeit im Detail viele Übereinstimmungen in der grundsätzlichen Einschätzung dieses Verhältnisses. Diese Gemeinsamkeiten oder Schnittmengen geben Gelegenheit, die Texte miteinander zu verbinden.

Aufgabe

1. Lesen Sie die Essays auf den Seiten 21 bis 25. Achten Sie dabei auf inhaltliche Gemeinsamkeiten.

Günter Grass (*1927): Literatur in der Schule

Literatur in deutschen Schulen ist – solange ich zurückdenken kann, bis in meine relativ kurze Schulzeit (ich bin nur bis zum Alter von 15 Jahren zur Schule gegangen) – eigentlich immer ein Alptraum gewesen. Früher war das alles von rechts gefüttert, dann kam die Phase von links, aber in den Grundverhaltensweisen hat sich leider nichts geändert: es herrscht vor die Interpretationssucht. Literarische Texte werden nicht an den Schüler herangebracht, um bei ihm die Lust am Lesen auszulösen, um ihm die Chance zu geben – und sei es mit den verschiedensten Gedanken – sich mit einem Text zu identifizieren, sich selbst zu erleben, sondern um ihn auf eine schlüssige Interpretation hinzuführen. Das tötet die Literatur ab. Literatur ist trotz der deutschen Schule lebensfähig geblieben, aber dies tötet in einem sehr frühen Alter die Lust am Lesen ab. [...]
Literatur hat es mit Kunst zu tun, es ist eine Kunstform, und in erster Linie ästhetischen Gesetzen verpflichtet. Dieses Produkt der Kunst lebt davon, daß es vieldeutig ist, doppelbödig ist und eine Menge von Interpretationen zulassen kann. Es muß erst einmal respektiert werden, daß der, der auf ein Bild, auf ein Buch reagiert, etwas für ihn Wichtiges erlebt. Dies ist erst einmal richtig, auch wenn es sich nicht mit der Interpretation des Lehrers deckt. Und nun kommt das in die Schulmühle hinein, es wird Interpretation gefordert, ob es sich um einen Gedichttext, um die Braut von Messina oder Wallraff, oder was auch immer, handelt: Es wird Interpretation abverlangt. Es ist im Grunde natürlich eine Aufforderung zum Opportunismus, weil die Schüler unter Leistungsdruck versuchen herauszuhören, welche Interpretation ist denn die des Lehrers, um sich der dann anzupassen. Das ist meine Negativerfahrung.

Günter Grass: Literatur in der Schule. Gespräch mit Carl-Heinz Evers und Peter E. Kalb. In: betrifft: erziehung, 13/1980, Heft 718, S. 106. © Günter Grass.

Peter Rühmkorf (1929–2008): Poet am Marterpfahl

Jedes noch so buntgemischte Auditorium, jeder nur einigermaßen durchsetzte Hörerkreis reagiert auf, sagen wir einmal, die Darbietung von lyrischen Gedichten vergleichsweise differenziert und mit einem gewissen nötigen Maß an Unvoreingenommenheit. Jedes ad hoc zusammengewürfelte und klassenmäßig ausbildungstechnisch noch ungeschiedene Publikum ist zunächst in der Lage, sein Interesse spielen zu lassen und seine Aufmerksamkeit an der dargebotenen Materie zu entzünden. Der gleiche Gegenstand, das gleiche Thema, vor akademischer Intelligenz vorgetragen und abgehandelt, sieht sich nur einer einzigen zitternden Erwartung gegenüber: Das Kunstgebilde seiner hoffnungslosen gesellschaftlichen Irrelevanz zu überführen und den Podiumsartisten an den Marterpfahl zu spicken. [...] In den deutschen Lit-Seminaren ist ein Räderwerk ins Rappeln geraten, das nicht auf die Vermittlung und auch nicht mehr auf die analytische Durchdringung der Kunsterscheinung zielt, sondern auf ihre Vernichtung. Autoritär und besserwisserisch, und insofern durchaus eine karikaturistische Verlängerung der alten Ordinarien, aber blind für alles, was Kunst am Kunstwerk ist, wächst eine neue Generation von Arschpaukern der Poesie und Rohrstockpädagogen der sozialen Revolution heran, die Erstere nie lieben werden, weil sie das eigene bereits zur Stirnfalte verkniffene Über-Ich in Frage stellt, und Letztere kaum fürchten müssen, weil schließlich jedes System von solchen gestrengen Zuchtmeistern lebt.

Peter Rühmkorf: Poet am Marterpfahl. In: Die Zeit, 4.8.1978, Nr. 32, S. 29 f. © Rowohlt Verlag, Reinbek bei Hamburg

Susan Sontag (1933–2004): Gegen Interpretation

In ihrer Anwendung auf die Kunst geht die Interpretation zunächst so vor, dass sie aus dem Werk im Ganzen eine Reihe von einzelnen Elementen (X, Y, Z und so weiter) isoliert und sich dann an eine
5 Art Übersetzungsarbeit macht. Der Interpret sagt: Sehen Sie denn nicht, dass X eigentlich A ist (oder bedeutet)? ... Dass Y eigentlich für B und Z für C steht? Der Eifer, mit dem das Projekt der Interpretation gegenwärtig verfolgt wird, speist sich weni-
10 ger aus Achtung vor dem widerspenstigen Text (in der sich durchaus auch Angriffslust verbergen kann) als aus offener Aggressivität. Der Interpret verachtet eingestandenermaßen die Erscheinung, die Oberfläche des Textes. Während die traditionel-
15 le Interpretation sich damit begnügte, über der wörtlichen Bedeutung einen Überbau von weiteren Bedeutungen zu errichten, bedient sich die moderne der Methode der Ausgrabung. Indem sie ausgräbt, zerstört sie. Ihre Bohrarbeit, durch den Text hin-
20 durch, zielt auf einen Subtext, den sie für den einzig wahren hält ... Heute ist die Interpretation zu einem überwiegend reaktionären, unverschämten, feigen, unterdrückerischen Projekt verkommen. So, wie die Abgase der Industrie und des Autoverkehrs
25 die Atmosphäre unserer Städte verpesten, so vergiftet der massenhafte Ausstoß von Interpretationen unsere Sensibilität ... Interpretieren heißt, unsere Umwelt ausbeuten und sie noch ärmer machen, als sie ohnehin ist. [...]
30 Was zunächst vonnöten ist, ist ein verstärktes Interesse für die Form in der Kunst. Während eine übertriebene Betonung des *Inhalts* die Arroganz der Interpretation provoziert, ist eine intensivere und umfassendere Beschreibung der *Form* dazu ange-
35 tan, diese Arroganz zum Schweigen zu bringen. [...]
Irgendwann in der Vergangenheit (zu einer Zeit, als hohe Kunst selten war) muss es einmal ein revolutionärer und schöpferischer Akt gewesen sein,
40 Kunstwerke zu interpretieren.
Heute ist das nicht mehr der Fall. Was wir sicherlich nicht mehr brauchen, ist die Umsetzung von Kunst in Gedanken oder (was noch schlimmer ist) von Kunst in Kultur. Die Interpretation setzt ein
45 sinnliches Erlebnis des Kunstwerks als selbstverständlich voraus und basiert darauf. Aber dieses sinnliche Erlebnis lässt sich heute nicht mehr ohne Weiteres voraussetzen. [...] Sämtliche Bedingungen des modernen Lebens – sein materieller Überfluss,
50 seine Überladenheit – bewirken eine Abstumpfung

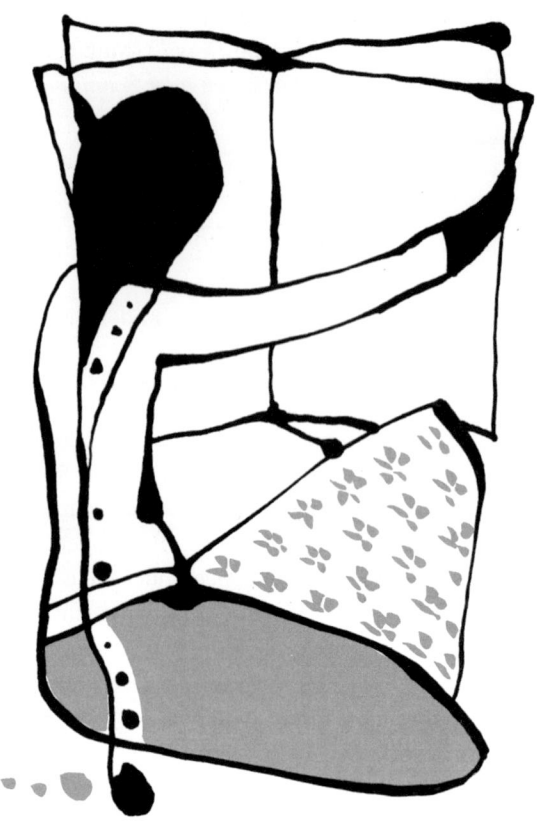

unserer sensorischen Fähigkeiten. Und im Hinblick auf diesen Zustand unserer Sinne, unserer Fähigkeiten (und nicht derer einer anderen Zeit) muss die Aufgabe des Kritikers bestimmt werden. Heute geht es darum, dass wir unsere Sinne wiedererlan- 55 gen. Wir müssen lernen, mehr zu sehen, mehr zu hören und mehr zu fühlen. Es ist nicht unsere Aufgabe, ein Höchstmaß an Inhalt in einem Kunstwerk zu entdecken. Noch weniger ist es unsere Aufgabe, mehr Inhalt aus dem Werk herauszupressen, als 60 darin enthalten ist. Unsere Aufgabe ist es vielmehr, den Inhalt zurückzuschneiden, damit die Sache selbst zum Vorschein kommt. Das Ziel aller Kommentierung der Kunst sollte heute darin liegen, die Kunst – und analog dazu unsere eigene Erfahrung – 65 für uns wirklicher zu machen statt weniger wirklich. Die Funktion der Kritik sollte darin bestehen aufzuzeigen, wie die Phänomene beschaffen sind, ja selbst, dass sie existieren, aber nicht darin, sie zu deuten. 70
Statt einer Hermeneutik brauchen wir eine Erotik der Kunst.

Bis Zeile 29: Susan Sontag: Gegen Interpretation. Gekürzt und übersetzt von H.M. Enzensberger. In: ders.: Mittelmaß und Wahn. © Suhrkamp Verlag, Frankfurt am Main 1988. Alle Rechte bei und vorbehalten durch Suhrkamp Verlag Berlin.
Ab Zeile 30: Susan Sontag: Gegen Interpretation. In: Kunst und Antikunst. Carl Hanser Verlag, München 2003.

Hans Magnus Enzensberger (*1929):
Ein bescheidener Vorschlag zum Schutz der Jugend vor den Erzeugnissen der Poesie

[...] Kürzlich betrete ich die Metzgerei an der Ecke, es ist Freitagnachmittag, um ein Rumpsteak zu kaufen. Die Leute drängeln sich im Laden, aber die Frau des Meisters läßt, kaum daß sie mich erblickt hat, das Messer fallen, holt aus der Schublade an der Kasse ein Stück Papier hervor und fragt mich, ob das von mir sei. Ich sehe mir den Text an und bin sofort geständig.

Es ist das erstemal, daß mir die Metzgersfrau etwas zuwirft, was ich als einen flammenden Blick bezeichnen möchte. Unter dem Murren der anderen Kunden stellt sich folgendes heraus.

Ich habe, ohne etwas davon zu ahnen, in das Leben der Metzgerstochter eingegriffen, die kurz vor dem Abitur steht. Man hat ihr im Deutschunterricht irgendein Gedicht vorgesetzt, das ich vor vielen Jahren schrieb, und sie aufgefordert, etwas darüber zu Papier zu bringen. Das Resultat: eine blanke Vier, Tränen, Krach in meines Metzgers Bungalow, vorwurfsvolle Blicke; die mich förmlich durchbohren, ein zähes Rumpsteak in meiner Pfanne. [...] Meine Sympathie für die Metzgerin und, was natürlich weit wichtiger ist, die Sympathie der Metzgerin für mich, hat unter diesem Vorfall zum Glück nicht nachhaltig gelitten. In Mitleidenschaft gezogen wurde dagegen, bedauerlicherweise, meine Solidarität mit den Deutschlehrern. [...]

Aus 8543 Hiltpoltstein schreibt mir eine liebenswürdige Lehrerin, der „daran liegt, den Schülern den Sinn für das Gedicht zu erhalten oder ihn in ihnen zu wecken":

„Mit meiner 11. Klasse habe ich im Deutschunterricht ‚An einen Mann in der Trambahn' besprochen, das heißt besprechen wollen. Es entwickelten sich intensive Diskussionen um Aussage, Adressat, Weltbild, Stil und verschiedene Einzelheiten. Die Schüler haben sich ernsthaft bemüht, das Gedicht zu verstehen, haben Zeit, Intelligenz und Arbeit auf die Verteidigung ihrer Interpretation verwandt, die zwar in sich stimmig, meiner Meinung nach aber trotzdem nicht richtig ist. Sie haben seitenlange Arbeiten angefertigt, um ihre Vorstellung zu untermauern, ich bleibe dennoch bei meiner Meinung. Ich schlug deshalb vor, Sie als den einzig Kompetenten zu befragen."

Schließlich ein Hilferuf aus 504 Brühl, in krakeliger Schrift: „Ich bin Schüler, 16 Jahre alt und besuche eine höhere Schule. Vor kurzem wurde im Deutschunterricht eine Klassenarbeit über Ihr Gedicht ‚Geburtsanzeige' geschrieben. Über meine Interpretation geriet ich mit meinem Lehrer in einen Meinungsstreit. Die sprachliche Unzulänglichkeit meiner Arbeit ist mir bewußt. Ungerecht finde ich nur das Pauschalurteil, daß meine ‚Darstellung dem Gedicht in keiner Weise gerecht wird'. Es wäre sehr freundlich, wenn Sie mir mitteilen könnten, ob ich Ihr Gedicht wirklich vollkommen falsch ausgelegt habe." Diesem Brief liegt eine Fotokopie der Klassenarbeit bei. In der Handschrift des Lehrers sind darauf folgende Randbemerkungen und Zusätze zu entziffern:

„Sachlich falsch!" – „Das ist viel zu eng und verschiebt die Thematik." – „Davon ist an keiner Stelle die Rede." – „Davon steht nichts im Text." – „Das ist so nicht richtig." – „Diese Situation existiert im Gedicht nicht." – „Die 6. Strophe wird völlig außer acht gelassen." – „Das kann so nicht dem Text entnommen werden." – „Sachlich falsch" – „Wiederholung des oben schon Gesagten." – „Sachlich falsch. Diese Verwendung des ‚wenn' liegt nur in der letzten Strophe vor. Aber das hätte dann schon dargelegt werden müssen." – „Die Darstellung wird dem Gedicht in keiner Weise gerecht." – „Mangelhaft (5)".

Der Lehrkörper, der in diesen Zeugnissen in Erscheinung tritt, ist keineswegs homogen; seine Methoden reichen von der subtilen Einschüchterung bis zur offenen Brutalität, seine Motivationen vom reinsten Wohlwollen bis zum schieren Sadismus. All dieser Nuancen ungeachtet, macht jener Lehrkörper doch im Ganzen den Eindruck einer kriminellen Vereinigung, die sich mit unsittlichen Handlungen an Abhängigen und Minderjährigen vergeht, wobei es gelegentlich – dabei denke ich vor allem an die Randbemerkungen aus Brühl – zu Fällen von offensichtlicher Kindesmisshandlung kommen kann. Als Tatwaffe dient jedesmal ein Gegenstand, dessen an und für sich harmlose Natur ich bereits dargelegt habe: das Gedicht.

Wie aber kann aus einem so fragilen Objekt ein gemeingefährliches Angriffswerkzeug werden? Dazu sind besondere Vorkehrungen nötig. Wer von uns ist sich schon der Tatsache bewußt, daß er mit seinen Handkanten, diesen unscheinbaren und kaum benutzten Außenseitern, Mord und Totschlag begehen könnte? Dazu bedarf es allerdings einer ausgebildeten Technik. Sie heißt Karate, und an jeder dritten Straßenecke gibt es in Deutschland

eine Schule, wo man sie erlernen kann. Die analoge Fertigkeit, die es erlaubt, aus einem Gedicht eine Keule zu machen, nennt man Interpretation.

An der Entwicklung dieser Technik sind die Pädagogen natürlich unschuldig. Eingeübt und verfeinert wird sie nämlich in erster Linie an den Universitäten, wo aus unbekannten Gründen eigens Wissenschaftler zu diesem Zweck beschäftigt werden. […]

Auf dem Interpretationsmarkt ist […] ein immer rascherer Wechsel der vorherrschenden „Raster" und „Modelle" zu beobachten, die sich dann, dichtgedrängt wie Jahresringe, im Deutschunterricht ablagern, und zwar mit einer Verspätung, die sich aus dem Ausbildungsgang der Lehrer errechnen läßt. […] Doch gibt es in diesem permanenten Wechsel der Garderobe und des Jargons auch einige Konstanten. Deren wichtigste ist die idée fixe von der „richtigen Interpretation". An dieser Wahnvorstellung wird mit unbegreiflicher Hartnäckigkeit festgehalten, obwohl ihre logische Inkonsistenz[1] und ihre empirische[2] Unhaltbarkeit auf der Hand liegen. Wenn zehn Leute einen literarischen Text lesen, kommt es zu zehn verschiedenen Lektüren. Das weiß doch jeder. In den Akt des Lesens gehen zahllos viele Faktoren ein, die vollkommen unkontrollierbar sind: die soziale und psychische Geschichte des Lesers, seine Erwartungen und Interessen, seine augenblickliche Verfassung, die Situation, in der er liest – Faktoren, die nicht nur absolut legitim und daher ernst zu nehmen, sondern die überhaupt die Voraussetzung dafür sind, daß so etwas wie Lektüre zustande kommen kann. Das Resultat ist mithin durch den Text nicht determiniert und nicht determinierbar. Der Leser hat in diesem Sinne immer recht, und es kann ihm niemand die Freiheit nehmen, von einem Text den Gebrauch zu machen, der ihm paßt.

Zu dieser Freiheit gehört es, hin- und herzublättern, ganze Passagen zu überspringen, Sätze gegen den Strich zu lesen; sie mißzuverstehen, sie umzumodeln, sie fortzuspinnen und auszuschmücken mit allen möglichen Assoziationen, Schlüsse aus dem Text zu ziehen, von denen der Text nichts weiß, sich über ihn zu ärgern; sich über ihn zu freuen, ihn zu vergessen, ihn zu plagiieren und das Buch, worin er steht, zu einem beliebigen Zeitpunkt in die Ecke zu werfen. Die Lektüre ist ein anarchischer Akt. Die Interpretation, besonders die einzig richtige, ist dazu da, diesen Akt zu vereiteln.

Ihr Gestus ist demzufolge stets autoritär, und sie ruft entweder Unterwerfung oder Widerstand hervor. Wo dieser sich rührt, sieht sie sich gezwungen, auf ihre eigene theoretische oder institutionelle Autorität zu pochen. Sofern diese auf schwachen Füßen steht – ein Fall, der glücklicherweise immer häufiger wird –, versucht sie, das, was ihr fehlt, anderswo zu borgen. So erklärt sich der Regress[3] auf den Autor, von dem man kaltblütig voraussetzt, daß er bereit ist, sich zum Komplizen der Interpretation zu machen und seine Leser zu verraten, indem er, sozusagen in letzter Instanz, erklärt, wie er es gemeint habe, wie es demzufolge zu verstehen sei, und damit basta. […]

Wohl weiß ich, daß die Deutschlehrer diesen widerwärtigen Zustand, unter dem sie vermutlich selber schwer leiden, durchaus nicht mutwillig herbeigeführt haben. Die wahren Schuldigen sind im Unterholz von Instituten zu suchen, die von einer gewöhnlichen Schule soweit entfernt sind wie Kafkas Schloß. Es handelt sich um eine Horde von Bürokraten und Curriculum[4]-Forschern, die außerordentlich schwer dingfest zu machen ist. Ihre wahren Absichten liegen im Dunkeln. Was sie zu dem Projekt bewegt, in unseren Oberschulen Hunderttausende von Sub-Germanisten heranzuzüchten und die Interpretation von Gedichten als Zwangsarbeit zu verhängen, das wissen wir nicht. Wir werden es nie erraten. […]

[Mit] ideologiekritischen Erklärungen ist in diesem Fall nicht viel auszurichten. Das zeigt sich übrigens schon daran, daß das Ritual des „Durchnehmens", „Einordnens" und Interpretierens von Poesie im Unterricht nicht an irgendein bestimmtes Literaturverständnis gebunden ist. Ob traditionelle oder progressive Germanistik, das ist unter diesem Gesichtspunkt Jacke wie Hose. Die ideologischen Vorzeichen in München und Bremen, Graz und Weimar sind durchaus verschieden; aber fest steht in jedem Falle, daß die Textsorten durch die Mühle der richtigen Interpretation gedreht werden müssen, bis sie sich in ein homogenes Pulver verwandelt haben. Solange die technokratische Funktion dieser Arbeit konstant bleibt, lassen sich Inhalte und Methoden ohne weiteres auswechseln. Und daß dabei Gedichte als bevorzugter Rohstoff dienen, ist nichts weiter als ein historischer Zufall. Sie sind erstens billig und zweitens stets in ausreichenden Mengen lieferbar. […]

Eine neuere Drucksache, das sogenannte „Normenbuch Deutsch" zeigt in aller wünschenswerten Deutlichkeit, wie man es anstellen muß, um ein harmloses Gedicht in einen technokratischen Knüppel zu verwandeln und damit, möglichst gezielt, auf

junge Köpfe einzuschlagen. Der volle Titel dieser bemerkenswerten Schrift lautet: „Beschlüsse der Kultusministerkonferenz. Einheitliche Prüfungsanforderungen in der Abiturprüfung Deutsch." […] Bei allem gebotenen Brechreiz kann ich es mir nicht versagen, einige unter den Zielen und Absichten, welche die Verfasser verfolgen, mit ihren eigenen Worten anzuführen.

Sie wollen vor allen Dingen regeln, ergänzen, wirksam beschleunigen, sicherstellen, vereinheitlichen, einpassen, überprüfen, einbeziehen und zuweisen. […] Und bis zum letzten Atemzug von Lehrern und Schülern sind sie entschlossen, „die Anforderungen in den einzelnen Fächern in der Gliederung der Aufsätze und in der Terminologie in ein allgemeines Grundschema einzupassen"; die einheitlichen Prüfungsanforderungen „insbesondere auch auf die Gesichtspunkte der fächerübergreifenden Vereinheitlichung und der Angemessenheit der Beurteilungsverfahren einschließlich der Verwendung von Bewertungseinheiten" zu erstrecken; „ausgliederbare Teile der Gesamtleistung in einem bestimmten Verhältnis zueinander zu gewichten, ggf. Bewertungseinheiten oder prozentuale Anteile den einzelnen Aufgabenteilen bzw. der erreichten oder erreichbaren Schülerleistung zuzuweisen". […] Da mir, im Gegensatz zur Ständigen Konferenz der Kultusminister der Länder in der Bundesrepublik Deutschland, nicht „insgesamt 36 Bewertungseinheiten zur Verfügung" stehen, die sich „gleichmäßig zu je 12 Bewertungseinheiten auf die Lernzielkontrollebenen verteilen", bin ich vielleicht zu einem ausgewogenen Urteil nicht befähigt. Das einzige Geräusch, das ich in den zitierten Sätzen wahrnehmen kann, ist das Getrampel von Hornochsen.

Ich möchte diese Ansprache mit einigen versöhnlichen Worten enden. Stopfen Sie alle Exemplare des Normenbuches Deutsch, die Ihnen zu Gesicht kommen, unverzüglich in den nächsten Papierkorb! Sabotieren Sie die Beschlüsse der Ständigen Konferenz der Kultusminister, wo immer Sie können! Bekämpfen Sie das häßliche Laster der Interpretation! Bekämpfen Sie das noch viel häßlichere Laster der richtigen Interpretation! Zwingen Sie nie einen wehrlosen Menschen, den Mund aufzusperren und ein Gedicht hinunterzuschlingen, auf das er keine Lust hat! Üben Sie den jungen Menschen gegenüber, die Ihnen anvertraut sind, die Tugend der Barmherzigkeit. Denken Sie immer daran: „Quäle nie ein Kind zum Scherz, denn es fühlt wie du den Schmerz." […]

1 Inkonsistenz: Unvereinbarkeit
2 empirisch: durch die Erfahrung belegt
3 Regress: Rückbezug, Rückgriff
4 Curriculum: Lehrplan

Hans Magnus Enzensberger: Ein bescheidener Vorschlag zum Schutz der Jugend vor den Erzeugnissen der Poesie. In: Mittelmaß und Wahn. © Suhrkamp Verlag, Frankfurt am Main 1988, S. 28 ff. Alle Rechte bei und vorbehalten durch Suhrkamp Verlag Berlin.

R

Aufgaben

2. Erweitern Sie Enzensbergers Text um Gedanken aus den Essays von Sontag, Grass und Rühmkorf. Sie können dabei zitieren oder auch nur Gedanken aufgreifen und sie durch eigene Bemerkungen ergänzen.

3. Enzensberger selbst zitiert Susan Sontag (vgl. S. 22, Z. 1–29). Überlegen Sie, an welcher Stelle dieses Textzitat stehen könnte.

4. Zusatzaufgabe: Erstellen Sie eine Essay-Collage zum Thema „Interpretation in der Schule". Bedienen Sie sich dazu bei den Texten und ergänzen Sie eigene Aspekte.

5. Wie stehen Sie zur Interpretation in der Schule? Diskutieren Sie. Vielleicht ist es dabei hilfreich, in der Diskussion zwischen Analyse und Interpretation zu unterscheiden.

Einen Essay aktualisieren

Manche Texte älteren Datums sind überraschend modern, wenn sie unseren heutigen Gegebenheiten angepasst und entsprechend inhaltlich aktualisiert werden. So lässt sich auch der folgende Text Walter Benjamins über Werbung (hier insbesondere im Kino und auf Plakatwänden bzw. Litfaßsäulen) aus dem Jahr 1928 auf die heutige Zeit übertragen.

Aufgaben

1. Lesen Sie den Text mehrmals und versuchen Sie, schwierige Formulierungen und Inhalte gemeinsam in der Klasse zu klären.

Walter Benjamin (1892–1940): Diese Flächen sind zu vermieten

Narren, die den Verfall der Kritik beklagen. Denn deren Stunde ist längst abgelaufen. Kritik ist eine Sache des rechten Abstands. Sie ist in einer Welt zu Hause, wo es auf Perspektiven […] ankommt und einen Standpunkt einzunehmen noch möglich war. Die Dinge sind indessen viel zu brennend der menschlichen Gesellschaft auf den Leib gerückt. Die „Unbefangenheit", der „freie Blick" sind Lüge […]. Der heute wesenhafteste, der merkantile Blick ins Herz der Dinge heißt Reklame. Sie reißt den freien Spielraum der Betrachtung nieder und rückt die Dinge so gefährlich nah uns vor die Stirn, wie aus dem Kinorahmen ein Auto, riesig anwachsend, auf uns zu zittert. Und wie das Kino Möbel und Fassaden nicht […] einer kritischen Betrachtung vorführt, sondern allein ihre sture, sprunghafte Nähe sensationell ist, so kurbelt echte Reklame die Dinge heran und hat ein Tempo, das dem guten Film entspricht. Damit ist denn „Sachlichkeit" endlich verabschiedet, und vor den Riesenbildern an den Häuserwänden, wo „Chlorodont" und „Sleipnir" für Giganten handlich liegen, wird die gesundete Sentimentalität amerikanisch frei, wie Menschen, welche nichts mehr rührt und anrührt, im Kino wieder das Weinen lernen. Für den Mann von der Straße aber ist es das Geld, das dergestalt die Dinge ihm nahe rückt, den schlüssigen Kontakt mit ihnen herstellt. […]

Walter Benjamin: Diese Flächen sind zu vermieten. In: Gesammelte Schriften IV. Suhrkamp Verlag, Frankfurt am Main 1972, S. 131f.

[R]

2. Beantworten Sie die folgenden Fragen in Ihrem Heft:
   - Was kennzeichnet für Benjamin „Kritik" auf der einen und „Reklame" auf der anderen Seite?
   - Warum betrachtet Benjamin die Zeit der Kritik als abgelaufen?
   - Wieso spricht Benjamin von einem „merkantile[n] Blick ins Herz der Dinge"?

3. Aktualisieren Sie den Text, indem Sie ihn auf die heutigen Verhältnisse übertragen. Sie können dabei Sätze und Passagen aus Benjamins Essay wörtlich übernehmen, den Text an bestimmten Stellen kürzen und auch eigene Ideen ergänzen.

Auf der Basis fremder Texte einen Essay schreiben

Die beiden folgenden Texte befassen sich mit dem Problem des Analphabetismus.

Aufgabe

1. Lesen Sie die beiden Texte auf den Seiten 27 und 28 und fassen Sie jeweils kurz zusammen, wie die beiden Autoren zum Thema „Analphabetismus" stehen.

Stefan Zweig (1881–1942): Begegnungen mit Büchern

Ich legte mich hin in einen Liegestuhl, sah hinauf in die weiche Nacht. Die merkwürdige Entdeckung ließ mir keine Ruhe. Ich hatte zum ersten Mal einen Analphabeten gesehen, einen europäischen Menschen dazu, den ich klug wusste und mit dem ich wie mit einem Kameraden gesprochen hatte, und nun beschäftigte, ja quälte mich das Phänomen, wie sich die Welt in einem solchen der Schrift verrammelten Gehirn spiegeln möge. Ich versuchte mir die Situation auszudenken, wie das sein musste, nicht lesen zu können; ich versuchte, mich in diesen Menschen hineinzudenken. Er nimmt eine Zeitung und versteht sie nicht. Er nimmt ein Buch, und es liegt ihm in der Hand, etwas leichter als Holz oder Eisen, viereckig, kantig, ein farbiges zweckloses Ding, und er legt es wieder weg, er weiß nicht, was damit anfangen. Er bleibt vor einer Buchhandlung stehen, und diese schönen, gelben, grünen, roten, weißen, rechteckigen Dinge mit ihren goldgepressten Rücken sind für ihn gemalte Früchte oder verschlossene Parfümflaschen, hinter deren Glas man den Duft nicht spüren kann. Man nennt vor ihm die heiligen Namen Goethe, Dante, Shelley, und sie sagen ihm nichts, bleiben tote Silben, leerer, sinnloser Schall. Er ahnt nichts, der Arme, von den großen Entzückungen, die plötzlich aus einer einzigen Buchzeile brechen können wie der silberne Mond aus dem toten Gewölk, er kennt nicht die tiefen Erschütterungen, mit denen ein geschildertes Schicksal plötzlich in einem selbst zu leben beginnt. Er lebt völlig in sich vermauert, weil er das Buch nicht kennt, ein dumpfes troglodytisches[1] Dasein, und – so fragte ich mich – wie erträgt man dieses Leben, abgespalten von der Beziehung zum Ganzen, ohne zu ersticken, ohne zu verarmen? Wie erträgt man es, nichts anderes zu kennen als das, was bloß das Auge, das Ohr zufällig fasst, wie kann man atmen ohne die Weltluft, die aus den Büchern strömt? Immer intensiver versuchte ich, mir die Situation des Nichtlesen-Könnenden, des von der geistigen Welt Ausgesperrten vorzustellen, ich bemühte mich, seine Lebensform mir so künstlich aufzubauen, wie etwa ein Gelehrter aus den Resten eines Pfahlbaues sich die Existenz eines Brachyzephalen[2] oder eines Steinzeitmenschen zu rekonstruieren sucht. […]

[1] troglodytisch: hier: Bezeichnung für ein primitives Urvolk
[2] Brachyzephalen: hier: eine primitive Frühform des Menschen

Stefan Zweig: Das Buch als Eingang zur Welt (Auszüge mit Auslassungen). Aus: ders.: Begegnungen mit Büchern. Aufsätze und Einleitungen aus den Jahren 1902–1939. © S. Fischer Verlag GmbH, Frankfurt am Main 1983.

Hans Magnus Enzensberger (*1929): Lob des Analphabetentums

[…] Jeder sechste Bewohner unseres Planeten kommt ohne die Kunst zu lesen und ohne die Kunst zu schreiben aus. Rund gerechnet eine Milliarde Menschen befinden sich in diesem Fall, und ihre Zahl wird mit Sicherheit zunehmen. Sie ist eindrucksvoll, aber irreführend. Denn zum Menschengeschlecht gehören nicht nur die Lebenden und die Ungeborenen, sondern auch die Toten. Wer sie nicht vergißt, muß zu dem Schluß kommen, daß der Alphabetismus nicht die Regel, sondern die Ausnahme ist.

Nur uns, das heißt, einer winzigen Minderheit von Leuten, die lesen und schreiben, konnte es einfallen, Leute, die das nicht zu tun pflegen, für eine winzige Minderheit zu halten. In dieser Vorstellung zeigt sich eine Ignoranz, mit der ich mich nicht abfinden will.

Im Gegenteil: wenn ich sie in Betracht ziehe, so erscheint mir der Analphabet nachgerade als eine ehrwürdige Gestalt. Ich beneide ihn um sein Gedächtnis, um seine Fähigkeit, sich zu konzentrieren, um seine List, seine Erfindungsgabe, seine Zähigkeit, und um sein feines Ohr. Bitte unterstellen Sie mir nicht, daß ich vom guten Wilden träume. Ich spreche nicht von einem romantischen Phantom, sondern von Menschen, denen ich begegnet bin. Es

Fortsetzung von Seite 27   **Auf der Basis fremder Texte einen Essay schreiben**

liegt mir fern, sie zu idealisieren. Ich sehe auch die Enge ihres Gesichtskreises, ihren Wahn, ihren Starrsinn, ihre Eigenbrödelei.

30 Sie werden sich vielleicht fragen, wie ausgerechnet ein Schriftsteller dazu kommt, die Partei derer zu ergreifen, die nicht lesen können … Aber das liegt doch auf der Hand! Weil es die Analphabeten waren, die die Literatur erfunden haben. Ihre elementaren Formen, vom Mythos bis zum Kinderreim, vom Märchen bis zum Lied, vom Gebet bis zum Rätsel, sind allesamt älter als die Schrift. Ohne mündliche Überlieferung gäbe es keine Poesie und ohne die Analphabeten keine Bücher. […] Sie werden sich fragen, warum ich Sie hier mit Problemen beschäftige, die nur noch von historischem Interesse sind. Nun, diese Vorgeschichte hat uns inzwischen eingeholt. Die Rache des Ausgegrenzten entbehrt nicht einer schwarzen Ironie. Der Analphabetismus, den wir ausgeräuchert haben, ist, wie Sie alle wissen, zurückgekehrt, in einer Gestalt, der allerdings nichts Ehrwürdiges mehr anhaftet. Diese Figur, die längst die gesellschaftliche Bühne beherrscht, ist der sekundäre Analphabet.

50 Er hat es gut; denn er leidet nicht unter dem Gedächtnisschwund, an dem er leidet; daß er über keinen Eigensinn verfügt, erleichtert ihn; daß er sich auf nichts konzentrieren kann, weiß er zu schätzen; daß er nicht weiß und nicht versteht, was mit ihm geschieht, hält er für einen Vorzug. Er ist mobil. Er ist anpassungsfähig. Er verfügt über ein beträchtliches Durchsetzungsvermögen. Wir brauchen uns also keine Sorgen um ihn zu machen. Zu seinem Wohlbefinden trägt bei, daß der sekundäre Analphabet keine Ahnung davon hat, daß er ein sekundärer Analphabet ist. Er hält sich für wohlinformiert, kann Gebrauchsanweisungen, Piktogramme und Schecks entziffern und bewegt sich in einer Umwelt, die ihn hermetisch gegen jede Anfechtung seines Bewußtseins abschottet. Daß er an seiner Umgebung scheitert, ist undenkbar. Sie hat ihn ja hervorgebracht und ausgebildet, um ihren störungsfreien Fortbestand zu garantieren.

Der sekundäre Analphabet ist das Produkt einer neuen Phase der Industrialisierung. Eine Wirtschaft, deren Problem nicht mehr die Produktion, sondern der Absatz ist, kann keine disziplinierte Reservearmee mehr brauchen. Sie benötigt qualifizierte Konsumenten.

Hans Magnus Enzensberger: Lob des Analphabetentums. In: Nomaden im Regal. © Suhrkamp Verlag, Frankfurt am Main 2003, S. 38–49. Alle Rechte bei und vorbehalten durch Suhrkamp Verlag Berlin.

[R]

Aufgaben

2. Informieren Sie sich über das Problem des Analphabetismus.

3. Inwieweit lässt sich Enzensbergers Essay als zeitgemäße Fortsetzung zu Stefan Zweig lesen?

4. Entwickeln Sie als Kern eines eigenen Essays zunächst einen Aphorismus zum Thema „Analphabetismus". Als Anregung können Ihnen die folgenden Aphorismen dienen.

Auf den Punkt gebracht

Ich habe nie einsehen mögen, warum mittelmäßige Menschen deshalb aufhören sollten, mittelmäßig zu sein, weil sie schreiben können.
(Christian Morgenstern)

Es hatte die Würkung, die gemeiniglich gute Bücher haben. Es machte die Einfältigen einfältiger, die Klugen klüger und die übrigen Tausende blieben unverändert.
(Georg Christoph Lichtenberg)

5. Schreiben Sie nun auf der Basis der beiden vorliegenden Texte einen Essay zum Thema „Analphabetismus". Bedienen Sie sich dabei beliebiger Gedanken und Aspekte aus beiden Texten. Achten Sie aber darauf, dass Sie keine dialektische Erörterung verfassen.

Einen Essay interpretieren

Häufig binden Essays scheinbar weit auseinanderliegende Vorstellungshorizonte zusammen – so wird zum Beispiel in dem vorliegenden Text eine zunächst überraschende Verbindung zwischen einem Vulkan und einem Gedicht hergestellt. Diese Verbindung soll im Folgenden erklärt und gedeutet werden.

Durs Grünbein (*1962): Vulkan und Gedicht

Gleichgültig das Datum, der Hergang der Katastrophe: eines Tages war es soweit, und der Vulkan entlud sich auf die in seinem Schatten Lebenden, Nichtsahnende in der Nestwärme ihrer Märkte und Werkstätten, Bordelle und Hausgärten, emsige Städtebewohner am Golf von Neapel. Ganze Kommunen wurden augenblicklich begraben, Straßennetze verschwanden von Stadttor zu Stadttor im Bimssteinregen. Tausende Menschen fielen in Todesschlaf und verbrannten zu schwarzen Puppen. Eine urbane Welt wurde vollständig im Schlamm konserviert, Pompeji, Stabiae, Herculaneum[1]. Siebzehn Jahrhunderte dauerte es, bis die erste Münze wieder ans Licht kam und mit ihr Symbol und Geschichte … oder ein Salbölfläschchen, ein Wangenknochen auf einer Marmorplatte, und also Leben und Schönheit. […]

Unter der Asche von Herculaneum, frisch wie am ersten Tag, findet sich das Merkbuch des Dichters, die griechisch-römische Version. Nicht nur Seelenführer soll er sein, Vers-Therapeut, Wunderheiler mittels Wort und Gesang, was er treibt, muß außerdem unterhalten, Freuden bereiten, es soll pädagogisch und psychagogisch[2] zugleich sein. In wenigen Worten offenbart sich das älteste Branchengeheimnis, daß nur der sämtliche Wählerstimmen einfängt, der es versteht, dulce et utile, Süßes und Nützliches zu vermischen. Beides in einem, auf diese Formel hatte es die berühmteste Ars Poetica der Römer, der Brief eines alternden Satiren- und Odendichters gebracht. Was für ein langer steiniger Weg zurück zu Horaz. […]

Ich stelle mir einen Bewohner Kampaniens vor, lebend mit Blick auf den Berg, und mir fällt ein, wie ich als Kind bei Dresden eines Tages einen anderen Berg erblickte, um den seither meine Gedanken kreisten. Zum ersten Mal sah ich ihn aus dem Fenster einer stadtwärts fahrenden Straßenbahn, über Kleingärten und dürre Wäldchen hinweg, ungeheuer, eine erdbraune Aufschüttung. Was dort in der Ferne aufragte, unter dichten Rauchwolken wie ein Vulkan, kegelförmig mit breitem Plateau, war ein gewaltiger Müllberg, Endlager aller unverdaulichen Reste, die die Stadt täglich ausschied. Lange hatte ich ihn nur beobachtet, hatte die Leute ausgefragt und mir Warnungen anhören müssen, Geschichten zur Abschreckung, dann unternahm ich mit Freunden die ersten Expeditionen dorthin. Kein Sperrzaun, kein brüllender Platzwart konnten verhindern, daß wir uns schließlich ganz oben wiederfanden, dort wo der Müllberg dreißig Meter steil abfiel in eine Sandebene, die den Russen als militärisches Übungsgelände diente. Von hier aus sah man die Stadt, und man erkannte die Zufahrtswege, auf denen der Müll, eine andere Lava, hierher transportiert wurde, in einem umgekehrten Strom aus den Tälern. Dies war mein Kindheitsraum, eine verbotene Zone, in die wir mit Spürsinn einfielen, auf der Suche nach Glücksgefühlen, Abenteuern, verwertbarem Schrott. An ihrem Eingang warnte ein Schild Betreten verboten – Eltern haften für ihre Kinder. Doch unsere Neugier war stärker, alles dort zog uns an, die brennenden Autoreifen, der nützliche Sperrmüll, das Erbrochene aus den Häusern und über allem der süßliche Fäulnisgeruch. Unser Wallfahrtsort war ein Müllberg, der ohne Namen blieb, unser Instinkt galt einem Platz, den die Erwachsenen mieden, einem verdrängten, von den Wohnstätten abgetrennten Bezirk, in dem sich die städtischen Abfälle türmten, weithin sichtbar, zu einem künstlichen Vesuv. Anfangs schlichen wir ziellos um seine Ränder, auf der von Bulldozern planierten Gipfelfläche glitten wir fluchend im Schlamm aus, aber bald wurden wir fündig. Ein Stapel schmieriger Illustrierten zuerst, in einem Scherbenhaufen ein paar grüne Flakons, geruchlos, ein verkohltes Album, und plötzlich fielen dann Bilder heraus, Photographien Verstorbener, eine Ledermappe, und später steckten alte Münzen im Futter oder Eiserne Kreuze. Auch Verbandszeug fand sich und irgendwann eine Beinprothese, eine Packung Präservative, und unsere Frage Was ist das? blieb unerwidert. Schönheit, Liebe, Begehren, noch hatte das alles uns nicht empfindlich gemacht. Dichtung und Philosophie … wenn ich auf Bücher stieß, war es mit Sicherheit Schullektüre, von Mythologie keine Rede. Ein paar Monatshefte aus der Zeit zwischen den Kriegen waren ein Schatz, eine Lyrikauswahl in grauer Feldausgabe, sie mochte von Hölderlin sein oder Horaz, kaum mehr als ein kurioser Fund. Ein halbes Motorrad war wichtiger als jeder Klas-

Einen Essay interpretieren

siker. Eine tote Ratte, auf eine Fahrradspeiche gespießt, bedeutete mehr als ein Stilleben im zerbrochenen Rahmen. Schwebend zwischen pubertärer Gier und einer unbewußten Empfänglichkeit, langweilten wir uns durch den Tag. War da ein Ansatz, irgendein Zeichen für eine Poetik des Ersten Augenblicks? Was für ein langer Weg voraus zum Gedicht.

Heute weiß ich, daß beinah jede größere Stadt ihren Vesuv hat. Die zeitgenössischen Vulkane sind die großen Abraumhalden in der Umgebung von Tagebauen, die Endlager und Schuttgebirge aller Art, die mächtig aufstrebenden Deponien in Reichweite der Städte. […]

Mit siebzehn stieg ich zum letztenmal auf den Müllberg, der nun auch meinem Unbewußten ein Synonym geworden war für Dreck, Ungeziefer, Krankheit und Tod. Unter den Schichten jahrzehntelang aufgeschütteten Mülls, so besagte die Chronik, lag das Alte Dresden, im Weltkrieg zerstört, ein barockes Pompeji. Hier am nördlichen Stadtrand hatte man seine Trümmer zu einem riesigen Tafelberg aufgetürmt, die gestürzten Kirchenportale über die leeren Balkone, die Emporen zerbombter Theater über Rümpfe brandgeschwärzter Statuen. Und als hätte der glorreiche Schutt alles spätere nach sich gezogen, war seither sämtlicher Müll aus den Wohnhäusern hierher geschafft worden, abgelagert auf dem Ruinenkehricht einer untergegangenen Stadt.

Damals hatte ich angefangen, mir Notizen zu machen, kleine emphatische Schreibereien, die wie Gedichte aussahen und nur im engsten Kreis vorzeigbar waren. Folgte dem irgendwann der Versuch einer Poetik, so müßte er mit den Fundstücken der frühen Jahre beginnen. Und das Horazische decorum[3] wäre dann beides, der zivilisatorische Auswurf und jene Lava, in der die Ersten Augenblicke, Dinge und Gesten, Szenen und Gedanken, konserviert sind gleich überraschten Lebewesen. Denn das Gesetz der Formerhaltung, das lange einen vulkanischen Untergrund hatte, wandelt sich in der Moderne unterm Druck der in Schüben ausgestoßenen Waren. Etwas wird dem Strom der Dinge entrissen, kühlt sich ab und wird unter Luftabschluß versiegelt. Obsolet geworden, lädt es sich mit eben der Zeit auf, die der Gegenwart, von der es sich abschied, fortwährend fehlt. Sprengt man den Einschluß[4] auf, werden Laute zu Artefakten[5], Verszeilen erweisen sich als Kapseln, aus denen die Denkbilder fallen. Das wenige, worauf später die Spitzhacke stößt, der Pinsel des Ausgräbers, die Schaufel des Müllsammlers, dies ist der Stoff, aus dem die Gedichte sind.

1 Pompeji, Stabiae, Herculaneum: beim Ausbruch des Vesuvs im Jahre 79 n. Chr. zerstörte Städte
2 Psychagogik: psychotherapeutisch führende Erziehung
3 decorum: in der antiken Rhetorik das Schickliche und Angemessene
4 Einschluss: Begriff aus der Mineralogie: Fremdstoffe, die im Stein eingeschlossen sind
5 Artefakt: künstliches Gebilde

Durs Grünbein: Vulkan und Gedicht. Aus: Gedicht und Geheimnis. Aufsätze 1990–2006. © Suhrkamp Verlag, Frankfurt am Main 2007. Alle Rechte bei und vorbehalten durch Suhrkamp Verlag Berlin.

Aufgaben

1. Inwiefern sind Pompeji und das Dresden seiner Kindheit für Grünbein vergleichbar?

2. Stellen Sie eine Verbindung zwischen Grünbeins Kindheitserlebnissen und seiner Dichtung her.

3. Erläutern Sie den Titel des Essays. In welchem Zusammenhang stehen Vulkan und Gedicht?

4. Welche Funktion schreibt Grünbein seiner Lyrik zu? Erklären Sie seine „Poetik" mit eigenen Worten.

5. Charakterisieren Sie den Stil des Essays anhand einiger Beispiele.

Schreibwerkstatt
Schritt 1: Die Textsorte identifizieren

Der Essay ist ein offenes Schreibformat, kennt aber zugleich auch textsortenspezifische Kriterien, die jeweils in unterschiedlicher Dichte und Form ausgeprägt sein können.

Aufgabe

1. Prüfen Sie mit Hilfe des folgenden Kriterienkatalogs, welche typischen Textsortenmerkmale der Essay auf den Seiten 32 und 33 aufweist.

Kriterienkatalog

<u>Aufbau und Struktur</u>

Der Essay wird häufig als „Gedankenspaziergang" bezeichnet. Als solcher hat er etwas Unangestrengtes, Leichtes. Der Spaziergänger muss sein Ziel nicht rasch und auf direktem Wege erreichen. Er kann betrachtend verweilen, plaudernd innehalten oder auch einige Schritte abseits des Weges tun. Das heißt, der Essay folgt keinem strikten Schema, er kann sowohl assoziative, lose reihende wie auch stringent argumentative Passagen enthalten.

Die strukturelle Lockerheit des Essays ist jedoch Teil einer durchdachten Gesamtkonzeption.

Die vielen Schreibformaten zugrunde liegende Gliederung in **Einleitung, Hauptteil und Schluss** hat auch für den Essay Gültigkeit.

Die **Einleitung** beinhaltet einen knappen Problemaufriss, der häufig mit einem persönlichen Erlebnis, auch mit Begriffsdefinitionen, Zitaten oder statistischen Erhebungen verbunden ist. Diesem Auftakt, bei dem der Schreiber gleichsam seine Visitenkarte abgibt, kommt besondere Bedeutung zu.

Im **Hauptteil** findet die argumentative Auseinandersetzung mit dem Thema statt. Anhand illustrierender Beispiele werden Argumente geprüft und bestätigt, relativiert oder verworfen. Dabei gleicht das weniger zielfixierte als vielmehr sich verzweigende bzw. spiralförmig kreisende Argumentieren eher einem beiläufigen, manchmal humorvollen, manchmal ironisch-satirischen Durchspielen verschiedener Meinungen.

Der **Schluss,** der nicht selten an die Einleitung anknüpft, kann zentrale Einsichten pointiert zusammenfassen, daraus zu ziehende Konsequenzen, Forderungen, Anregungen formulieren oder Ausblicke gewähren. Der Schluss eines Essays ist kein definitiver, er lässt auch Fragen offen, löst Widersprüche nicht auf und begnügt sich mit Denkanstößen.

<u>Inhalt</u>

Der „Gedankenspaziergang" prägt auch den Inhalt. Statt fertige, gar endgültige Ergebnisse zu liefern, ist der Essay durch Prozesshaftigkeit bestimmt, die das Werden der Gedanken abbildet. Er wirft Fragen auf, ohne sie abschließend zu beantworten, verharrt im Vorläufigen, gibt Anregungen und überlässt es immer wieder seinem Leser, weiterzudenken, Lösungen zu finden.

Der Essayist schreibt aus der Ich-Perspektive. Er thematisiert persönliche Erfahrungen, gibt persönliche Wertungen ab und zeigt dabei dennoch, dass er dem Objektiven verpflichtet ist. Er ist jederzeit kritisch und selbstkritisch.

Originalität der Ideen ist ein Markenzeichen essayistischen Schreibens.

Schreibwerkstatt
Schritt 1: Die Textsorte identifizieren

<u>Sprache und Stil</u>
Wieder der „Gedankenspaziergang": Die kompositorische Leichtigkeit des Essays und seine inhaltliche Offenheit korrespondieren mit der stilistischen Vielfalt. Der Essay lebt wesentlich von seiner Sprache, im Idealfall von sprachlicher Virtuosität. Die Bandbreite reicht vom Plauderton bis zur sentenzartigen Pointierung.

Als Textsorte, die aufklären will, ist sein Grundgestus argumentativ. Als Textsorte, die zugleich unterhalten will und Subjektives und Objektives vereint, ist die Sprachgestalt des Essays facettenreich. Argumentative, explikative, expressive, appellative, deskriptive und narrative Darstellungsformen fügen sich zu einem Ganzen: Sie sprechen den Intellekt an und dienen der Überzeugungskraft des Textes, sie gewähren Einblick in das Engagement und die Emotionen des Autors und sie dienen der Leserlenkung.

Ungeachtet seines breiten sprachlichen Repertoires kennt der Essay bevorzugte stilistische Mittel. Dazu zählen insbesondere: rhetorische Fragen, Wortspiele, Wiederholungen, Parallelismen, Metaphern, Vergleiche, Alliterationen, Klimax, Akkumulationen, Antithesen, Sentenzen, Neologismen. Zu beachten ist freilich, dass bei der sprachlichen Ausgestaltung nicht das Übermaß, sondern die richtige Dosierung gefragt ist – ein gut geschriebener Essay ist ein kleines Kunstwerk und kommt dennoch unprätentiös daher.

Der Essay spitzt inhaltlich und sprachlich zu: Sein Gütesiegel ist die Pointe. Er bedient sich des Zitats und des Aphorismus. Er kennt die Übertreibung wie das Understatement. Neben der Ironie, provokativem Sarkasmus und der Polemik – hierin darf sich freilich kein Essay erschöpfen – ist auch ein eher versöhnlicher Humor anzutreffen.

Der Essay sollte, bei aller Vielfalt, eine stilistische Einheit bilden. Stilbrüche, vor allem durch umgangssprachlich-saloppe Wendungen, bedürfen einer funktionalen Legitimation.

Nicht zuletzt ist Sprachrichtigkeit ein Kriterium essayistischen Schreibens.

Hans Magnus Enzensberger (*1929): Nationalität und ihre Bedeutung

Ich habe nie recht verstanden, wozu Nationen da sind. Jene Leute, die am liebsten von ihnen sprechen, haben mir's am allerwenigsten erklären können, ja, sie haben es nicht einmal versucht. Ich meine die enragierten Nationalisten und ihre Widersacher, die enragierten Anti-Nationalisten.

Seit ungefähr dreißig Jahren höre ich die einen wie die andern sagen, daß ich ein Deutscher bin. Ich verstehe ihre Emphase nicht recht, denn was sie mir versichern, das bezweifle ich gar nicht, ich will es gerne glauben, es ist mir seit geraumer Zeit durchaus geläufig. Dennoch werden die Leute es nicht müde, jene bescheidene Tatsache immer wieder vorzubringen. Ich sehe es ihren Gesichtern an, daß sie das Gefühl haben, als hätten sie damit etwas bewiesen, als hätten sie mich aufgeklärt über meine eigene Natur und als wäre es nun an mir, mich entsprechend, nämlich als Deutscher, zu verhalten. Aber wie? Soll ich stolz sein? Soll ich mich genieren? Soll ich die Verantwortung übernehmen, und wenn ja, wofür? Soll ich mich verteidigen, und wenn ja, wogegen? Ich weiß es nicht, aber wenn ich das Gesicht meines Gegenübers aufmerksam betrachte, kann ich erraten, welche Rolle er mir zugedacht hat. Ich kann diese Rolle ausschlagen oder akzeptieren. Aber selbst indem ich sie ausschlage, werde ich sie nicht los; denn in der Miene meines Gegenübers zeichnet sich bereits die Reaktion auf meine Reaktion ab: Empörung oder Genugtuung, Billigung oder Wut, nämlich darüber, daß ich mich, als Deutscher, so oder anders verhalte.

Meine Nationalität ist also keine Qualität, sondern eine Erwartung, die andere in mich setzen. Natürlich nur eine unter vielen derartigen „Rollenerwartungen". Auch hinsichtlich meines sozialen Status, meines Familienstandes, meines Alters treten mir in jeder Gesellschaft gewisse idées fixes entgegen, die mich zu dem formieren oder deformieren sollen, was ich in den Augen der Gesellschaft bin: also etwa ein Dorfbewohner, ein Dreißigjähriger, ein Familienvater und so weiter. Merkwürdigerweise sind alle diese Bestimmungen um so leichter abzuschütteln, je handgreiflicher sie sind. Die Nationalität, als abstrakteste und illusionärste unter ihnen, ist zugleich die hartnäckigste.

Wenn ich den Geschichtsbüchern trauen darf, so hat es vielleicht vor dem Ersten Weltkrieg eine Zeit gegeben, in der Nationalität mehr war als eine psychologische Größe.

Ich erkläre mir das folgendermaßen: Auf dem Weg von der steinzeitlichen Urhorde zur planetarischen Industriegesellschaft scheint die Entfaltung der Produktivkräfte irgendwann im neunzehnten Jahrhundert einen Punkt erreicht zu haben, wo die souveräne Nation ihnen ein optimales Organisationsprinzip bot. (Aus dieser fernen Zeit stammen vermutlich Beschwörungsformeln wie „Buy British", „Deutschland, Deutschland über alles", „La Grande Nation" oder „Deutsche Wertarbeit".)

Seitdem haben sich die produktiven (und destruktiven) Kräfte, über welche die Menschheit verfügt, derart weiterentwickelt, daß die Nation als Form ihrer Organisation nicht nur obsolet, sondern zu einem lebensgefährlichen Hindernis geworden ist. Souveränität ist längst zur völkerrechtlichen Fiktion geschrumpft. Nur am Biertisch wird sie noch buchstäblich und ernst genommen. [...]

Wer aus Deutschland kommt, für den ist dieses Erlöschen der Nationalität als einer gesellschaftsprägenden objektiven Kraft verhältnismäßig leicht sichtbar, leichter jedenfalls als für die Bewohner älterer Nationalstaaten. Wir haben es sehr spät zu einer nationalstaatlichen Identität gebracht, und wir haben uns ihrer nie sehr sicher gefühlt. [...] Im Jahre 1945 ist uns diese Identität abhanden gekommen, und zwar so gründlich, daß man sich fragen muß, ob von einer deutschen Nation überhaupt noch die Rede sein kann. [...]

Natürlich macht uns dieser Vorgang nicht zu Kosmopoliten. Obwohl der Idee der Nation objektiv nichts Handfestes mehr entspricht, lebt sie subjektiv, als Illusion, äußerst zäh weiter. Illusionen von solchen Ausmaßen sind aber ernst zu nehmen. Sie sind ihrerseits Realitäten, und zwar psychologische Realitäten von explosiver Kraft. Ich habe mich oft gefragt, was uns so fest an diese Zwangsvorstellungen fesselt. [...] Das Scheinbild der Nation stellt jedermann ein präfabriziertes seelisches Möblement zur Verfügung, in dem er sich preiswert einrichten kann. Noch dazu handelt es sich um ein Sortiment von der Stange, das die eigene Auswahl überflüssig macht und den enormen Vorzug hat, daß man es mit vielen anderen teilt. Das schafft eine gewisse behagliche Solidarität, wie man sie etwa unter Leuten beobachten kann, die dasselbe Automodell fahren. Dabei spielt es keine Rolle, ob es das schnellste oder langsamste, das beste oder das schlechteste Fabrikat ist. [...]

Die Nabelschau, die sich auf den sogenannten Volkscharakter richtet, stimmt mich nachgerade ungeduldig. Sie verklärt die Eigenschaft „deutsch" von neuem zur metaphysischen Größe – nur daß das diesmal mit umgekehrtem Vorzeichen geschieht. Wie einst das Gute, so wird jetzt das schlechthin Böse biologisch oder rassisch lokalisiert. Auch eine gewisse Deutsch-Feindlichkeit in anderen Ländern möchte die Verbrechen der zwölf Hitler-Jahre lieber manichäisch deuten als historisch analysieren. Dort wie hier gibt man einer scheinbar ewigen, unveränderlichen bösen Substanz die Schuld, die, mit einem Wort, „typisch deutsch" sei.

Diese Art, Vergangenheit zu „bewältigen", ist nicht nur steril, sondern geradezu verdächtig. Mehr und mehr nimmt sie die zeremoniellen Formen einer Teufelsaustreibung an. Die offiziell zur Schau gestellte Zerknirschung ist eine abergläubische Prozedur. Ihr sonderbares Motto heißt: Qui s'accuse, s'excuse.

Ein solches Verfahren kann nie und nimmer leisten, was man sich von ihm verspricht. Niemand wird je vergessen oder verzeihen, was in den Vernichtungslagern geschehen ist. Ich kann den staatlich verordneten Massenmord im industriellen Ausmaß nicht für ein nationales Problem der Deutschen halten. Deutsche haben ihn verübt. Das scheint manche Leute mehr zu bekümmern und mehr zu beschäftigen als die Entdeckung, daß der Mensch zu allem fähig ist. Diese Entdeckung verharmlost, wer Auschwitz zur deutschen Spezialität, zum Produkt einer hypothetischen deutschen Volksseele machen will.

In Wirklichkeit verdient diese Volksseele keinerlei Interesse. [...] Ein Deutscher zu sein, scheint mir kein schwierigeres oder leichteres Los als irgendein anderes. Es ist keine condition à part, sondern eine Herkunft unter vielen. Ich sehe keinen Anlaß, sie zu beklagen oder zu verleugnen, und keinen, etwas Hervorragendes in ihr zu sehen. Es liegt im Begriff jeder Herkunft, daß man sich nie ganz von ihr trennt; aber ebenso liegt es in ihrem Begriff, daß man sich jeden Tag von ihr entfernt. Meine Mitmenschen, die den Umstand, daß ich ein Deutscher bin, wichtiger nehmen, als ich es tue, will ich nicht unnütz vor den Kopf stoßen. Daß ich ein Deutscher bin, diesen Umstand werde ich akzeptieren, wo es möglich, und ignorieren, wo es nötig ist.

Hans Magnus Enzensberger: Nationalität und ihre Bedeutung. In: Deutschland, Deutschland unter anderm. © Suhrkamp Verlag, Frankfurt am Main 1967. Alle Rechte bei und vorbehalten durch Suhrkamp Verlag Berlin.

R

Schreibwerkstatt
Schritt 2: Den Schreibprozess vorbereiten

Aufgaben

1. Lesen Sie die Aufgabenstellung und fassen Sie mit eigenen Worten zusammen, was genau Sie tun sollen.

> Bearbeiten Sie die folgende Original-Aufgabe (Berufliches Gymnasium BW) auf der Grundlage des vorgelegten Dossiers (Seiten 35 und 36):
> - Verfassen Sie Abstracts zu allen Materialien.
> - Schreiben Sie einen Essay mit dem Titel „Gegen den Strom schwimmen?".

2. Vor der Analyse der Materialien empfiehlt es sich, die eigene Wissensbasis zu sichern und ein erstes selbstständiges Meinungsbild zu skizzieren. Führen Sie dazu ein Brainstorming durch.
   a) Ergänzen Sie den Wortspeicher zum Thema „Gegen den Strom schwimmen?" durch Synonyme, inhaltlich verwandte und gegensätzliche Wörter. Schreiben Sie in Ihr Heft.

> Widerstand • Nonkonformismus • Individualismus • Gerechtigkeit • Originalität • Zivilcourage • Selbsterkenntnis • Identität • Ordnung • Anarchie • Aufbegehren • Anpassung • Unabhängigkeit • Traditionen • Bequemlichkeit • …

   b) Übertragen Sie den folgenden Cluster in Ihr Heft und vervollständigen Sie ihn.

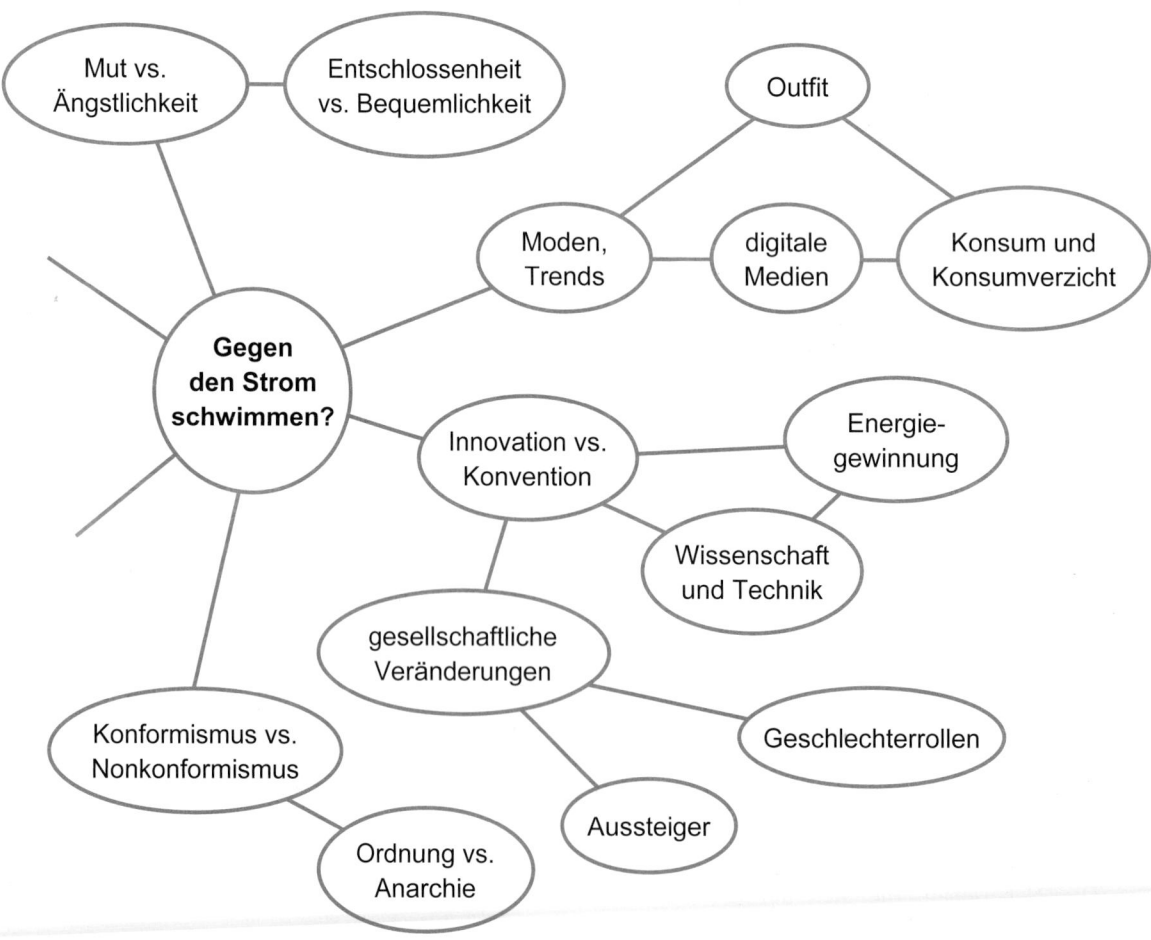

Fortsetzung auf Seite 35

Schreibwerkstatt
Schritt 2: Den Schreibprozess vorbereiten

Aufgabe

3. Lesen Sie die Materialien auf den Seiten 35 und 36 sorgfältig. Markieren Sie Schlüsselbegriffe und halten Sie zentrale Aussagen stichwortartig fest.

Material 1: Albert Camus (1913–1960): Der Mensch in der Revolte

Was ist ein Mensch in der Revolte? Ein Mensch, der nein sagt. Aber wenn er ablehnt, verzichtet er doch nicht, er ist auch ein Mensch, der ja sagt aus erster Regung heraus. Ein Sklave, der sein Leben lang Befehle erhielt, findet plötzlich einen neuen unerträglich. Was ist der Inhalt dieses „Nein"? Es bedeutet zum Beispiel: „Das dauert schon zu lange", „bis hierher und nicht weiter", „sie gehen zu weit" und auch „es gibt eine Grenze, die sie nicht überschreiten werden". Im Ganzen erhärtet dieses „Nein" das Bestehen einer Grenze. Dieselbe Vorstellung einer Grenze findet man in dem Gefühl des Revoltierenden, dass der andere „übertreibe", dass er sein Recht über eine Grenze erstrecke, jenseits welcher ein anderes Recht ihm entgegentritt und es beschränkt. So ruht die Bewegung der Revolte zu gleicher Zeit auf der kategorischen Zurückweisung eines unerträglich empfundenen Eindringens wie auf der dunkeln Gewissheit eines guten Rechts, oder genauer auf dem Eindruck des Revoltierenden, „ein Recht zu haben auf …". Die Revolte kommt nicht zustande ohne das Gefühl, irgendwo und auf irgendeine Art selbst Recht zu haben. Insofern sagt der Sklave im Aufstand zugleich ja und nein. Er bestätigt gleichzeitig mit der Grenze alles, was er jenseits von ihr vermutet und schützen will. Er demonstriert hartnäckig, dass es in ihm etwas gibt, das „die Mühe lohnt", das beachtet zu werden verlangt. In gewisser Weise stellt er der Ordnung, die ihn bedrückt, eine Art Recht entgegen, nicht bedrückt zu werden über das hinaus, was er zulassen kann.

Albert Camus: Der Mensch in der Revolte. Essays. Rowohlt Verlag, Reinbek bei Hamburg 1969, S. 14.

Material 2: Ursula Nuber (*1954): Das bin ich!

„Erkenne dich selbst", riet das Orakel von Delphi. Und im Thomasevangelium, einem von 52 Texten, die 1945 in Nag Hammadi am Toten Meer gefunden wurden, werden Jesus folgende Worte zugeschrieben: „Wenn du hervorbringst, was in dir ist, wird das, was du hervorbringst, dich retten. Wenn du nicht hervorbringst, was in dir ist, wird das, was du nicht hervorbringst, dich zerstören." Was bedeutet: Wer sein Wesen und seine Bestimmung erkennt, der wird leben. Wer dagegen seine Bestimmung verkümmern lässt, wer sich selbst nie wirklich kennen lernt, der wird sich nicht nur nicht entfalten können, er riskiert auch, dass das nicht Gelebte ihn vom Leben fernhält.

Wer aber kennt schon sein Wesen und seine Bestimmung? Wer weiß klare Antworten auf Fragen wie „Wer bin ich?" und „Lebe ich so, wie ich es möchte?". Die Antworten auf diese Fragen sind oft äußerst schwer zu finden. Der Mensch, der man wirklich ist, der ist häufig unter einem Berg von Konventionen, Anpassungsleistungen, Gewohnheiten und Bequemlichkeiten verschüttet. Aufgewachsen in einer Umgebung mit klaren Regeln und Werten, entwickelt sich die Mehrheit der Menschen zu Konformisten.

In den ersten Lebensjahren hat niemand eine andere Wahl. Solange man noch jung und unselbstständig ist, bemüht man sich darum, andere Menschen zu erfreuen: die Eltern, die Erzieher, die Lehrer. Das gelingt am besten, indem man so lebt, wie sie es für richtig halten. Ihre Regeln, ihre Wertvorstellungen, ihre Ziele werden übernommen, in der Überzeugung, dass sie schon wissen, was gut und richtig ist. Doch wenn man reifer wird, entwickelt man nach und nach mehr Unabhängigkeit und lehnt sich gegen die vorgegebenen Regeln auf. Man erkennt die eigenen Bedürfnisse und grenzt sich zunehmend gegen die Anforderungen anderer ab. Man will eine eigenständige Person sein und ein Leben leben, das sich „richtig" anfühlt. So sollte es sein. […]

Ursula Nuber: Das bin ich! Aus: Psychologie Heute, Oktober 2008, S. 29.

Schreibwerkstatt
Schritt 2: Den Schreibprozess vorbereiten

Material 3: Erziehungsziele (2009)
„Das sollen meine Kinder lernen", sagen so viel Prozent der Eltern von Kindern unter 16 Jahren in Deutschland:

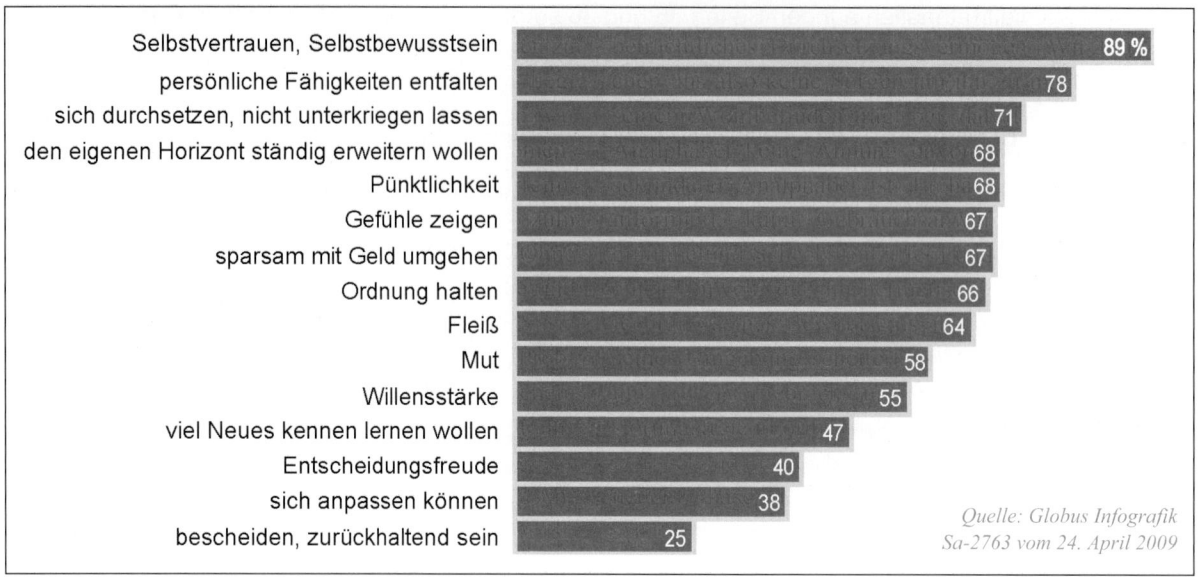

Quelle: Globus Infografik Sa-2763 vom 24. April 2009

Material 4: Jens Jessen (*1955): Die traurigen Streber

Wo sind Kritik und Protest der Jugend geblieben? Angst vor der Zukunft hat eine ganze Generation entmutigt

Soll man staunen über die Studenten, deren Berufswünsche Geld und Sicherheit heißen? Über ihren Zulauf zu skrupellosen Unternehmensberatungen, über das jugendliche Alter der Börsenspekulanten, der Hedgefondsmanager? Über angehende Künstler, die keinen Charakter, sondern nur Erfolg auf dem Markt suchen? Kaum geschlüpfte Küken mit feuchtem Federkleid und großem Schnabel, „hungrig" nennt man wohl diesen enthemmten Appetit in der Sprache der Personalberater. Die Blase der New Economy, ihr Aufblubbern und Platzen, die Vernichtung von Arbeitsplätzen an der Börse, alles das Werk einer neu eingestiegenen Generation, in der Morgenröte ihres Lebens geleistet. Die Verblödung der Künste, die primitiven Scherze der Fernsehunterhalter, die verächtlichsten und zynischen Werbesprüche, sie wurden nicht von verdorbenen Greisen, sondern von den Jungen und Jüngsten vollbracht.

Nun gut. Leichtfertigkeit und Bedenkenlosigkeit, hätte man noch vor Jahrhunderten gesagt, sind ein Zug der Jugend, sie werden vergehen. Aber wir waren es lange auch anders gewohnt. Auch Idealismus galt einmal als Zug der Jugend, das Nein zu Kompromiss, Anpassung und Geschäftemacherei. Die Generationen des Sturm und Drang, des Jungen Deutschland, lebten vom Aufbegehren gegen die Ständegesellschaft, die Herrschaft der Kirche, die ungerechten Verhältnisse. Jugend hat Revolutionen gemacht. [...]

Aber heute? Manches wird von Hochschulen und Unternehmen der Jugend vorgeworfen, mangelnde Bildung, Disziplin, Durchhaltevermögen, aber niemals: Aufsässigkeit. Und wie auch? Die Praktikanten und Berufsanfänger akzeptieren bis zur Charakterlosigkeit jede Bedingung, jede eingespielte Dummheit, jede ethisch bedenkliche Praxis. Sie blicken aus Rehaugen, die sich nur manchmal melancholisch verschleiern, auf die raue Welt der Wirtschaft und Politik und scheinen den Schwur getan zu haben, so schnell wie möglich zum Haifisch zu werden, um auch dort zu überleben, wo es von Feinden wimmelt. Denn dass die Welt böse ist, die Berufswelt zumal, das halten sie für gewiss; man hat es ihnen oft genug gesagt. Die gesellschaftliche Großdebatte um Globalisierung und verschärfte Konkurrenz, um Standort und Wettbewerbsfähigkeit ist tief bis in die Psyche vorgedrungen, man könnte auch sagen, sie ist dort eingeschlagen wie ein Meteor und hat einen Krater hinterlassen, in dem alles Leichte und Hoffnungsvolle, alle Fantasie und alles Aufbegehren verschwunden sind.

Jens Jessen: Die traurigen Streber. Aus: DIE ZEIT Nr. 36 vom 28.8.2008, S. 43.

Fortsetzung von Seite 36

Schreibwerkstatt
Schritt 2: Den Schreibprozess vorbereiten

Aufgaben

4. Schreiben Sie Abstracts zu allen Materialien des Dossiers.
   a) Informieren Sie sich in dem folgenden Methodenkasten darüber, was ein Abstract ist und wie er geschrieben wird.

Abstract

Der Abstract gleicht der Inhaltsangabe. Auf Wertung verzichtend, fasst er zentrale Inhalte zusammen, um die Bedeutung des Materials zu erfassen und seine Beurteilung zu erleichtern. Hauptkriterien sind: Vollständigkeit des Wesentlichen, Genauigkeit und Kürze. Der Abstract führt Autor, Titel und Textsorte an, wird im Präsens und in einem sachlichen Stil geschrieben, der sich vom Sprachstil des Autors löst. Wörtliche Zitate werden vermieden. Faktisches (Zahlenmaterial usw.) wird im Indikativ wiedergegeben. Übernommenes wird durch die wörtliche Rede (Konjunktiv I) oder durch einen Hinweis auf den Urheber des Gedankens gekennzeichnet.

---

   b) Verfassen Sie in Ihrem Heft zu den Materialien 2 und 4 (Seiten 35 und 36) Abstracts. Orientieren Sie sich dafür an dem vorgegebenen Abstract zu Material 1.

Abstract zu Material 1:
In dem Textauszug aus seinem Essay „Der Mensch in der Revolte" befasst sich Camus mit dem Wesen eines Menschen, der an einem bestimmten Punkt entscheidet, sich aufzulehnen und die als ungerecht und unzumutbar empfundene Unterdrückung bzw. Rechtsverletzung zu bekämpfen. Dabei stellt der Autor heraus, dass ein revoltierender Mensch nicht grundsätzlich das gesamte System ablehnt, sondern es innerhalb gewisser Grenzen durchaus akzeptiert. Die Revolte sei motiviert durch die Notwendigkeit der Verteidigung individueller Rechte gegenüber einem System, das diese zu beschränken oder auszuschalten versuche.

   c) Ergänzen Sie den Abstract zu Material 3 in Ihrem Heft.

Abstract zu Material 3:
Die Grafik mit dem Titel „Erziehungsziele" visualisiert die pädagogischen Projektionen, die Eltern mit ihrer Erziehungsarbeit erreichen wollen. Es wird deutlich, dass die Ausbildung eines ausgeprägten Ich-Bewusstseins in der Skala ganz oben steht. Auch die Entfaltung der persönlichen Begabungen und …

5. Werten Sie das Dossier im Hinblick auf Ihren Essay aus.
   Beantworten Sie dazu die folgenden Fragen:
   • Auf welche Materialien wollen Sie sich stärker beziehen? Auf welche weniger?
   • Welchen Thesen und Argumenten stimmen Sie zu? Welchen widersprechen Sie?
   • Welche Beispiele wollen Sie übernehmen?
   • Welche Textstellen wollen Sie zitieren?

Fortsetzung auf Seite 38

Fortsetzung von Seite 37

Schreibwerkstatt
Schritt 2: Den Schreibprozess vorbereiten

Aufgaben

6. Verbinden Sie nun die Ergebnisse Ihres Brainstormings (Aufgabe 1) mit den Inhalten des Dossiers. Dabei kommt es darauf an, dass Sie ihre eigene Position bestimmen und Informationen des Dossiers gezielt nutzen, die Ihre Position stärken.
   a) Skizzieren Sie Ihre eigene Position stichwortartig.

   _____

   _____

   _____

   b) Vergewissern Sie sich noch einmal der Inhalte des Dossiers. Notieren Sie dafür jeweils die passende Ziffer (für Material 1 die 1 usw.) hinter den folgenden Stichpunkten.

   Selbstfindung ☐

   Aufbegehren gegen Ungerechtigkeit ☐

   Verlust der Kritikfähigkeit ☐

   Erziehungsziele ☐

7. Strukturieren Sie nun Ihre Ideensammlung (Aufgabe 2), indem Sie die folgende Mindmap in Ihrem Heft ergänzen. Dabei kommt es darauf an, dass Sie das Thema abgrenzen und Schwerpunkte setzen.

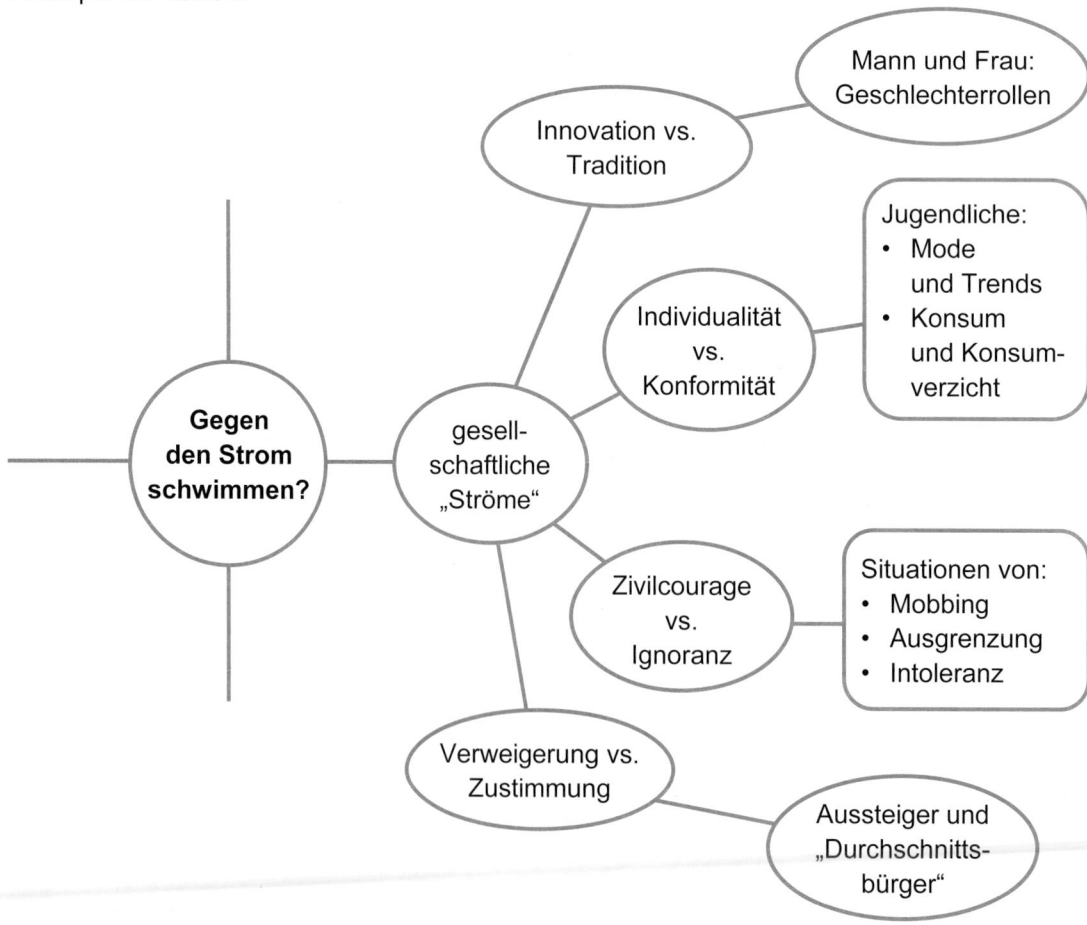

Mindmap: **Gegen den Strom schwimmen?** → gesellschaftliche „Ströme"
- Innovation vs. Tradition → Mann und Frau: Geschlechterrollen
- Individualität vs. Konformität → Jugendliche: • Mode und Trends • Konsum und Konsumverzicht
- Zivilcourage vs. Ignoranz → Situationen von: • Mobbing • Ausgrenzung • Intoleranz
- Verweigerung vs. Zustimmung → Aussteiger und „Durchschnittsbürger"

Schreibwerkstatt
Schritt 3: Den Essay schreiben

Aufgaben

1. Tragen Sie mit einer Partnerin / einem Partner noch einmal zusammen, welche strukturellen, inhaltlichen und sprachlichen Aspekte für die Textsorte „Essay" kennzeichnend sind. Überprüfen Sie Ihre Ergebnisse anschließend mit dem Kriterienkatalog auf den Seiten 31 und 32.

2. Ergänzen Sie die folgende Gegenüberstellung der Erörterung auf der einen und des Essays auf der anderen Seite.

GEGENÜBERSTELLUNG VON ERÖRTERUNG UND ESSAY

Erörterung	Essay
festgelegtes Schema	
argumentative Stringenz	
Zielorientierung	
Pflicht zur Objektivität	
sprachlich-stilistische Einheitlichkeit	
nüchterner Sachstil	

3. Schreiben Sie, an diese Einleitung anknüpfend, den Essay in Ihrem Heft zu Ende.

„Gegen den Strom schwimmen?"

„Wer gegen den Strom schwimmt, gelangt zur Quelle." Als ich kürzlich in einem nostalgischen Moment in meinem Poesiealbum blätterte, blieb ich bei eben diesem Eintrag hängen. Eine entfernte Verwandte hatte ihn mir vor langer Zeit gewidmet und, da mein Blick wohl Ratlosigkeit verriet, auch erklärt. Es sei ein Sprichwort, das in einem Bild eine Botschaft verkünde. Gegen den Strom zu schwimmen bedeute, dass man nicht alles machen sollte, was die anderen tun, sondern kritisch zu sein und genau zu prüfen, was man selbst will und für richtig hält. Dies sei mit Anstrengung verbunden, aber es erwarte einen auch ein großer Lohn: Man könne die Wahrheit herausfinden – über sich selbst und über die Welt.

Ihre Prophezeiung, dieser Satz werde mich wohl durch mein Leben begleiten, hat sich bisher als zutreffend erwiesen. Heute finde ich freilich andere Worte für die Bilder. Zum Beispiel Zeitgeist, Mode, Masse, Mainstream für den „Strom"; Selbstfindung, Individualität, Existenzsinn für die „Quelle". Auch was mit Anstrengung gemeint ist, habe ich inzwischen erfahren.

Gegen den Strom schwimmen? – Die spontane Antwort einer Mehrheit hieße wohl: ja, selbstverständlich! Denn – was immer der „Strom" im Einzelnen sei – diese Einstellung zeugt von positiven Werten wie Selbstbewusstsein, Energie, Mut, Entschlossenheit. Bei einigem Nachdenken würden sich sicher auch Fragen stellen: Unter welchen Umständen muss ich diese Haltung ohne Wenn und Aber einnehmen? Wo gibt es Alternativen, wo sind Kompromisse möglich? Reicht die Kraft aus, die Widerstände zu überwinden? *Mit* dem Strom zu schwimmen – ist das nicht auch ein denkbares Lebensprinzip? …

Schreibwerkstatt
Schritt 4: Den Essay überarbeiten

Aufgabe

1. Überarbeiten Sie Ihren Essay in Partnerarbeit. Orientieren Sie sich dabei

    A an dem „Kriterienkatalog" auf den Seiten 31 und 32.
    B an der nachstehenden Fehlertypisierung.
    C an dem Lösungsvorschlag auf den Seiten 41 bis 43.

Textsortentypische Fehler

Aufbau und Struktur:
- unspezifische Einleitung
- kleinschrittiger Schematismus
- gedankliche Verzettelung
- Missverhältnis von Assoziation und gedanklicher Stringenz
- eine dem Gedankenexperiment nicht angemessene Zielfixierung
- *fehlende kompositorische Gesamtstruktur*

Inhalt:
- nicht gelungene Themenabgrenzung und Schwerpunktsetzung
- Undifferenziertheit der Betrachtung
- gering ausgeprägte Kritikfähigkeit
- begriffliche Ungenauigkeit
- mangelnde argumentative Schlüssigkeit
- unzureichende Originalität der Einfälle
- Missverhältnis von subjektiver und objektiver Perspektive
- unsachgemäßer Umgang mit Dossiermaterialien
- Präsentation definitiver Ergebnisse statt zurückhaltender Denkanstöße
- *fehlende gedankliche Gesamtkonzeption*

Sprache und Stil:
- sprachliche Monotonie
- unbegründete Stilbrüche
- mangelnde Zuspitzungen
- Defizit an Zitaten
- *fehlende rhetorische Gesamtstrategie*

Schreibwerkstatt
Schritt 4: Den Essay überarbeiten

Lösungsvorschlag (Fortsetzung von Seite 39)

… Um im Bild zu bleiben: Die „Ströme" gleichen einander nicht. Da sind die schnell dahinfließenden, versehen mit Klippen, Katarakten und Strudeln, wie auch die gemächlich vorwärtsstrebenden. Diese sind für den Schwimmer von geringerem Risiko, jene können ihn sein Leben kosten. Es mit der Gegenströmung aufzunehmen, kann subjektiv als Leistung gelten. Über ihren gesellschaftlichen Wert ist damit noch nicht entschieden.

Reden wir über die politische Welt.

Wenn Menschen in autoritär geführten Staaten auf die Straße gehen und bei Gefahr für Leib und Leben gegen den Despotismus opponieren, sind sie nicht länger bereit, im Strom erzwungener Unterwerfung mitzuschwimmen. Sie versuchen, wie es Albert Camus einmal sagte, der „Ordnung", die sie bedrückt, das „Recht" nicht mehr bedrückt zu werden, entgegenzusetzen. Was zumeist im Kleinen beginnt, wächst an zu einer Welle, wird zum Gegenstrom, der die Unterdrücker wegspült. Das politische Handeln von Mahatma Gandhi oder Nelson Mandela dokumentiert derlei Prozesse und zeigt zugleich, dass Gewaltlosigkeit auch eine Option des Aufbegehrens sein kann. Das Ende der ehemaligen DDR ließe sich in diesen Kontext einreihen.

Der Widerstand gegen etablierte Machthaber kann auch misslingen. Die Offiziere des 20. Juli 1944, die aus der Militärmaschinerie ausscherten, ihr Gewissen über den kollektiven Eid stellten, bezahlten ihre mutige Gegenwehr mit dem Leben. Ihr Versuch, den Diktator zu beseitigen, war trotz seines Scheiterns von Bedeutung: Für das Ansehen in der Welt und das Selbstwertgefühl eines Volkes, das offenbar nicht nur aus Mitläufern bestand.

Politisch gegen den Strom zu schwimmen, ist heutzutage in bestimmten Ländern zwar immer noch eine Frage von Leben und Tod. Und gesagt werden muss auch, nicht jeder ist zum Helden oder Märtyrer geboren. Demokratisch verfasste Staaten schützen Einzelmeinungen, solange sie die Gesetze nicht verletzen. Wer Hass und Gewalt predigt, Rassismus propagiert oder Minderheiten diffamiert, schwimmt zwar gegen den Strom einer Mehrheitsmeinung, in diesen Fällen aber auch in die falsche Richtung, denn es gibt einen Wertekonsens, den man nicht aufkündigen darf. Mit anderen Worten: Gegen den Strom zu schwimmen, ist nicht generell ein Ausweis von Mut, Moral und Intelligenz – mit dem Strom zu schwimmen, bedeutet nicht zwangsläufig einen Mangel an kritischer Reflexion und sozialem Bewusstsein.

Wirtschaftspolitisch gibt es seit einigen Jahren das Phänomen der Globalisierung. Rund um den Erdball haben sich die großen Finanz- und Wirtschaftsmärkte vernetzt. Diese Machtkonzentration kritisieren die Globalisierungsgegner, eine Gruppierung unterschiedlicher Provenienz: Sie sehen die ärmeren Länder als Verlierer in dem ungleichen ökonomischen Wettbewerb und befürchten ein weiteres Auseinandergehen der Schere zwischen Arm und Reich.

In einem grundsätzlich politischen Sinne handeln auch Natur- und Umweltschutzorganisationen. Sie fordern, den Planeten Erde nicht länger als Objekt der Ausbeutung zu betrachten. Der fortschreitenden weltweiten Naturzerstörung, die täglich Tier- und Pflanzenarten unwiederbringlich auslöscht, stellen sie Alternativprojekte gegenüber, die Ökonomie und Ökologie vereinen. Vielleicht tragen ihre Initiativen doch noch dazu bei, dass die Menschheit den Ast, auf dem sie sitzt, nicht vollends durchsägt …

„Panta rhei" – „Alles fließt": Diese Weisheit war schon den alten Griechen bekannt. Und Goethe wusste zu dichten: „Ach, und in demselben Flusse schwimmst du nicht zum zweiten Mal." Diese Erkenntnis einer permanenten Veränderung lässt sich auf die Entwicklung der menschlichen Zivilisation wie auch auf unsere heutige Gesellschaft übertragen und daran beteiligt sind zweifelsfrei die Gegen-den-Strom-Schwimmer. Ohne die Individuen, die dem breiten Strom der Tradition nicht die Kraft der Innovation entgegengesetzt hätten, würden wir heute wahrscheinlich noch in den Höhlen sitzen und unser vornehmlichstes Tun bestünde darin, uns gegenseitig von Läusen zu befreien.

Reden wir über Wissenschaft und Technik.

Mit ihrem Zweifel am geozentrischen Weltbild des Aristoteles stellten sich Kopernikus, Kepler und Galilei einer als unumstößlich geltenden Welt-Wahrheit entgegen, die auch die Wahrheit des mächtigen Klerus war. Als Galilei der Beweis für das neue, heliozentrische Weltbild gelang, zwang ihn die Kirche zum Widerruf. Auch wenn Galilei als Einzelner nicht stark genug war – man kann niemanden zum Helden oder Märtyrer verpflichten – dem kirchlichen Machtapparat die Stirn zu bieten: Die neue Wahrheit war in der Welt und veränderte die Welt.

Die Energieversorgung einer wachsenden Weltbevölkerung ist heutzutage ein viel diskutiertes Thema. Noch vor ein paar Jahrzehnten waren fossile Brennstoffe und die Kernenergie in den Industriestaaten die Hauptenergieträger. Stimmen, die damals einen höheren Anteil regenerativer Energien forderten, wurden vielfach als realitätsfern abgetan und bei den großen Energiekonzernen, aber auch in der Politik kaum gehört. Die Minderheitsmeinung von damals scheint die Mehrheitsmeinung von heute: Die mit der Nutzung der Kernkraft und fossiler Rohstoffe verbundenen Probleme haben den ehemals „alternativen" Energien zumindest bei uns größere Akzeptanz verschafft und sie stärker in den Fokus der Energieversorgung gerückt.

Vom kleinen Bächlein über den rauschenden Fluss zum mächtigen, ständig anschwellenden Strom: Mit diesem Bild ließe sich die rasante Entwicklung elektronischer Datenverarbeitung und Medien beschreiben. Wie keine Technologie zuvor hat die Digitalisierung das private und öffentliche Leben sowie die Arbeitswelt in kürzester Zeit von Grund auf verändert – so sehr, dass die damit aufgewachsene Generation Schwierigkeiten hat, sich die Welt davor wirklich vor Augen zu führen. Stellen wir uns kurz das Unvorstellbare vor: den globalen Absturz aller Computer. Für eine Welt, in der sogar das Kühemelken digitalisiert gesteuert wird, der Super-Gau: Rien ne va plus!

„Wir werden in der Datenflut versinken!", „Wir liefern uns den Apparaten aus!", „Wer schützt uns vor Missbrauch?" oder „Wir verlieren über die virtuelle Welt die reale!" – derlei besorgte Zwischenrufe werden im Rauschen der Strömung kaum gehört. Sich dem Netz und seiner Expansion entgegenstellen? – Unmöglich! Aber wozu auch?! Wie jede andere Technik auch ist die digitale wertfrei; sie kann, im Extremfall, Leben retten und Leben zerstören. Bleibt zu hoffen, dass der Strom verantwortungsbewusster Nutzer weiter der breitere sein wird.

Reden wir über unsere Gesellschaft.
Unser Alltag kennt viele Facetten des zu betrachtenden Themas.

Für unser Zusammenleben kann es wichtig und richtig sein, sich Mehrheiten zu widersetzen. Etwa wenn in der Schule oder im Verein Einzelne aus der Gemeinschaft ausgegrenzt werden, wenn jemand am Arbeitsplatz Opfer von Mobbing wird oder wenn in der Nachbarschaft Menschen aufgrund ihres Andersseins diskriminiert werden. Majoritäten die Stirn zu bieten, sich offen zu bekennen, setzt Zivilcourage voraus. Man kann sie nicht unbedingt einfordern, und dennoch kann keine Gemeinschaft ohne sie auskommen.

„Der Mann muss hinaus ins feindliche Leben, und drinnen waltet die züchtige Hausfrau." Dieser von Friedrich Schiller so formulierten Rollenverteilung von Mann und Frau hätte nicht nur gegen Ende des 18. Jahrhunderts niemand widersprochen, bis ins letzte Jahrhundert hinein waren die Positionen der Geschlechter im sozialen Gefüge klar definiert. Wenn wir heute ein von Grund auf anderes Verständnis der Geschlechterrollen haben, hat das entscheidend damit zu tun, dass selbstbewusste, couragierte Frauen die Gleichberechtigung erstritten haben. Nicht nur die berufstätige Frau ist inzwischen etwas Selbstverständliches, auch die starre Trennung in Männer- und Frauenberufe löst sich mehr und mehr auf. Waren zum Beispiel Medizin studierende Frauen noch vor hundert Jahren Exotinnen in einer Männerwelt, stellen sie mittlerweile die Mehrheit dar. Dass Gleichberechtigung noch nicht Gleichstellung heißt, verdeutlicht die eher geringe Zahl von Frauen in den Chefetagen großer Unternehmen. Keine Frage: Auch hier werden sie weiter Kurs halten.

Um noch einmal auf Friedrich Schiller zurückzukommen: „Ich habe mir früher den Traummann auch nicht mit dem Kochlöffel in der Hand vorgestellt. Heute finde ich es männlich, wenn er gegen den Strom schwimmt. Er ist zu Hause und hält mir im Job den Rücken frei." Auf dieses Statement bin ich kürzlich in einer Illustrierten gestoßen – noch Fragen?

Auch Jugendliche schwimmen gegen den Strom oder mit ihm. Für sie ist er weniger das reißende Gewässer, das zu grundlegenden Entscheidungen zwingt, sondern mehr der Strom der Trends und Moden. Sie betreffen insbesondere die Kleidung, das Outfit allgemein, Unterhaltung und Medien. Welche Jeansmarke ist die meine? Tattoo, Piercing ja oder nein? Welche Musik höre ich am liebsten? Welches Handy ist in? Wie halte ich es beispielsweise mit Facebook? Welche Sportart passt zu mir? – Diese und andere Überlegungen stellen den Versuch dar, Antworten auf die Frage „Wer bin ich?" zu geben. Sie dienen einer altersgemäßen Selbstfindung, sei es als Abgrenzung oder als Zustimmung.

Von größerem Gewicht ist der Aspekt von Konsum und Konsumverzicht, nicht zuletzt weil die hier generierten Verhaltensmuster auch für das weitere Leben prägend sind. Muss man immer alles kaufen (oder kaufen lassen!), was die Werbung als besitzenswert suggeriert? Muss ich zum Beispiel immer gleich, nur weil es trendy ist, das neueste Handy haben, auch wenn es das alte noch lange und gut täte? Im Kern geht es um nicht mehr und nicht weniger als um die Frage: Worauf gründet sich meine Identität? Welchen Stellenwert haben dabei allgemein akzeptierte Statussymbole? In welchem Verhältnis stehen Materielles und Ideelles? Was bedeuten mir soziale Werte?

Dass Eltern heute bei ihrer Erziehung vor allem auf ein ausgeprägtes Selbstvertrauen und Selbstbewusstsein achten, ist sicher eine begründete Zielsetzung: Nur selbstreflektierte Jugendliche können fragwürdige Mainstreams erkennen und ihrem Sog widerstehen. Und sie erkennen auch, wo mit dem Strom zu schwimmen durchaus eine Tugend ist: Indem sie zum Beispiel das hierzulande breite Engagement für Notleidende in anderen Teilen der Welt mit ihren Möglichkeiten unterstützen.

Übrigens gab und gibt es immer wieder Menschen, die sich der Zivilisation und ihrer steten Veränderung entziehen. Zum Beispiel Einsiedler früher, Aussteiger heute. Sie suchen, aus unterschiedlichen Motiven, nach einer Insel im Strom des Lebens. Viele kehren einer Welt des Schneller, Höher, Weiter den Rücken, in der sie angesichts der Zwänge und Zwecke materieller Existenzsicherung die Möglichkeiten authentischer Lebensgestaltung nicht länger gegeben sehen. Ihre Sehnsucht richtet sich oft nach einem elementaren und zugleich autonomen Leben, das der Rückbesinnung auf das eigene Ich und entsprechenden Projektionen den nötigen Raum lässt. „Erkenne dich selbst!" – riet schon in der griechischen Antike das Orakel von Delphi.

Der Wunsch nach Alternativen zum Alltäglichen schlummert in vielen Menschen. Dass ihn Einzelne in konsequenter Form verwirklichen können, hängt nicht zuletzt auch damit zusammen, dass die Mehrheit darauf verzichtet.

Diese Mehrheit ist die Summe der „Durchschnittsbürger". Sie schwimmen mit im breiten Strom der Normen, Bräuche und Gepflogenheiten – ja: Sie sind der Strom. Sie arrangieren sich im Großen und Ganzen mit den Verhältnissen, die geltenden Regeln stellen sie nicht wirklich in Frage. Der Durchschnittsbürger (und die Durchschnittsbürgerin), den wir gerne im Kleinbürgermilieu ansiedeln, liebt die Sportart, die hierzulande alle lieben; er pflegt das Familien- und genießt das Vereinsleben; er macht Urlaub, wo viele Urlaub machen; er kommt mit der Zeitung aus, die nur aus Überschriften besteht; er zieht die Ordnung jederzeit der Unordnung vor; das Abenteuer konkurriert bei ihm vergeblich mit dem Bedürfnis nach Sicherheit; jeder spontane Ausbruch, sofern er nicht ohnehin Gedankenspiel bleibt, ist das Resultat sorgfältiger Planung. Und so weiter. Wie halten wir es mit dieser Spezies gelebter Mitte, die dergestalt freilich Fiktion ist? Viele neigen allzu leicht dazu, auf ein solches Leben in der unspektakulären bürgerlichen Mitte, dem es selbstredend keineswegs an individueller Erfüllung mangeln muss, herabzublicken. Dabei übersehen sie, dass die meisten von uns auch etwas davon haben – selbstverständlich, mit Formen der Angepasstheit spielen wir nur.

„Seid unbequem, seid Sand, nicht das Öl im Getriebe der Welt." Diese Aufforderung des Schriftstellers Günter Eich, auch als Replik auf die NS-Zeit und ihren perfektionierten Unterdrückungsapparat formuliert, fokussiert noch einmal das Thema und seine Problematik.

Wären wir alle Sand im Getriebe, würde auch all das, was wir zu Recht schätzen, nicht weiter bestehen können. Jede demokratische Gesellschaft braucht, jenseits der Indifferenz oder eines übersteigerten Individualismus, einen starken Strom von Menschen, die sich des Wertes von Rechts- und Sozialstaatlichkeit bewusst sind. Nur so kann man auch gefährliche Strudel an den Ufern eindämmen. Eine funktionierende demokratische Gesellschaft bedarf andererseits auch der Kritik. Nicht als ins Abseits führende notorische Rechthaberei oder gar gewaltbereites Chaotentum, sondern als konstruktiven Nonkonformismus, der den Strauß des Lebens bunt erhält, der insbesondere die soziale Gerechtigkeit immer wieder neu zu justieren hilft und auch zur Toleranz gegenüber denjenigen mahnt, die am Rande des großen Stroms ein friedfertiges Leben jenseits der Konvention leben.

„Sapere aude!" – „Habe Mut, dich deines eigenen Verstandes zu bedienen!"; Immanuel Kant, Philosoph, 1784.

Vielleicht sollten wir damit ernst machen.

Michel de Montaigne: Über die Schulmeisterei

Michel de Montaigne gilt als Ahnherr des Essays. Bei ihm wird der Name der Textgattung zum Programm, denn er betrachtet seine schon 1580 veröffentlichten „Essais" als Methode zur Erkenntnisgewinnung. Er schreibt „Versuche", die unverbindlich bleiben und keine letzten Lösungen anbieten, er hinterfragt sich und alle vermeintlichen Wahrheiten. Seine Texte scheinen an einen imaginierten Adressaten gerichtet zu sein und wirken wie ein Diskurs, der sich um Erkenntnis bemüht.

Michel de Montaigne (1533–1592): Über die Schulmeisterei

Es ist doch so: Nur darauf sehen die Eltern bei uns und nur dafür zahlen sie, dass uns die Köpfe mit Wissen vollgestopft werden; ob dadurch Urteilsfähigkeit und sittliche Kraft erreicht wird, danach fragt man kaum … Wir wollen gewöhnlich wissen, wenn wir über den Erfolg der Ausbildung urteilen, ob er Griechisch oder Lateinisch kann, ob er in Prosa oder in Versen geschickt zu schreiben versteht usw., aber ob er im Ganzen besser und lebenstüchtiger geworden ist, das bleibt unerörtert; und das war doch das eigentliche Ziel. Man sollte fragen: wer eine wertvollere, nicht, wer eine größere Gelehrsamkeit aufweisen kann. Gewöhnlich arbeiten wir nur zu dem Zweck, unser Gedächtnis zu füllen; Verständnis und Gewissen bleiben leer. Genauso wie Vögel manchmal Körner suchen, sie aber nicht fressen, sondern sie im Schnabel forttragen, um damit ihre Jungen zu atzen: So stibitzen unsere Pedanten sich Wissen aus Büchern zusammen, nehmen es aber nur in den Mund, um es unverändert wieder von sich zu geben und es nutzlos zu vertun. Es ist wunderbar, wie genau ich als Beispiel für diese Torheit passe. Mache ich es nicht bei dem, was ich hier schreibe, meistens genauso? Ich schnappe in meinen Büchern hier und da Sentenzen auf, die mir gefallen, nicht, um sie im Gedächtnis zu behalten – denn da kann ich gar nichts aufbewahren –, sondern um sie in diesem Buch hier anzubringen; genau genommen sind sie hier ebenso wenig mein Eigentum wie an der Stelle, wo sie erst standen; wirklich wissend sind wir, das glaube ich, nur in dem, was wir selbst gerade denken, nicht in dem, was früher gedacht worden ist, ebenso wenig wie in dem, was später gedacht werden wird … Oft dürften wir eigentlich nur sagen: „So steht es bei Cicero; so verhielt sich Plato; das ist ein Zitat aus Aristoteles": Aber wie ist denn unsere Ansicht, wie ist unsere Stellung zu diesen Punkten? Ein Papagei könnte auch so nachsagen, wie wir es tun …

Meist leisten wir weiter nichts, als dass wir die Meinungen und das Wissen anderer in Verwahrung nehmen: Das Wesentliche aber wäre, dass wir uns diese Dinge aneignen. Wir machen es dabei genau, wie wenn jemand Feuer brauchte und zu seinem Nachbar ginge, um sich welches zu holen; und wenn er nun beim Nachbar ist, bei dem ein schönes großes Feuer brennt, da setzt er sich hin und wärmt sich und vergisst ganz, dass er eigentlich Feuer für sich zu Haus holen wollte. […]

Wir verlassen uns so vollständig auf die Hilfe von außen, dass unsere eigenen Geisteskräfte verkümmern. Brauche ich stärkende Gesichtspunkte gegen die Todesfurcht, so leihe ich sie mir bei Seneca; habe ich Trostgedanken für mich oder für andere nötig, so liefert sie mir Cicero. Ich hätte sie aus mir selbst geschöpft, wenn meine Erziehung sich dieses Ziel gesetzt hätte. Solche Fähigkeiten zweiter Hand, solche erbettelte Kräfte mag ich nicht leiden: gelehrt können wir vielleicht werden durch von außen bezogenes Wissen, verständig aber nur durch unsere eigene Verständigkeit.

Michel de Montaigne: Über die Schulmeisterei. In: Die Essais. Dieterich'sche Verlagsbuchhandlung, Leipzig 1953, S. 46ff.

Aufgaben

1. Fassen Sie die zentralen Aussagen Montaignes zusammen. Was sollte eine gute Schule leisten?

2. Untersuchen Sie am Text, inwiefern Montaigne Immanuel Kants Forderung „Habe Mut, dich deines eigenen Verstandes zu bedienen" vorwegnimmt und ihr selbst nachkommt.

3. Verfassen Sie eine aktualisierte Version von Montaignes Essay auf der Basis Ihrer eigenen Schulerfahrungen: Ist seine Kritik heute noch aktuell? Werden seine Anregungen umgesetzt?

Francis Bacon: Über das Studieren

Wie Montaigne war auch Francis Bacon ein früher Verfechter aufklärerischen Denkens. Er gilt als Wegbereiter des Empirismus und war eigentlich eher Wissenschaftler und Politiker als Dichter. Der Ausspruch „wisdom is power" (Wissen ist Macht) geht wahrscheinlich auf ihn zurück. Es ging ihm zuallererst um die praktische Nutzanwendung naturwissenschaftlicher Erkenntnisse.

Francis Bacon (1561–1626): Über das Studieren

Studieren macht Vergnügen, bildet den Geist und erhöht die Fähigkeiten. Das Vergnügen bringt es in der Einsamkeit und Zurückgezogenheit, die Bildung zeigt sich in Gespräch und Rede, die Steigerung der Fähigkeiten in schärferem Urteil und größerem Weitblick. Denn Menschen mit bloßer Routine sind wohl geschaffen für die Beurteilung und Ausführung von besonderen Aufgaben, jedoch die großen Richtlinien, das Entwerfen von Plänen und der beherrschende Überblick sind Sache des studierten Mannes. Allzu viel Zeit auf Studien verwenden ist Müßiggang; die durch sie errungene Bildung zu stark zeigen, ist Eitelkeit; sein Urteil lediglich von ihren Vorschriften abhängig machen, ist die Einstellung des Stubengelehrten. Studieren vervollkommnet den Charakter und wird selber durch Erfahrung vervollkommnet; denn Naturanlagen gleichen wilden Pflanzen, die mit Fleiß und Kunst veredelt werden müssen, aber Studien allein führen leicht zu stark ins Theoretische, wenn ihnen nicht die Erfahrung eine Schranke setzt. Die Schlauen verachten die Gelehrsamkeit, Einfältige bewundern sie und die Klugen nützen sie; denn sie belehrt nicht über ihren eigenen Nutzen, sondern dieser ist eine außer und über ihr liegende, durch Erfahrung gewonnene Weisheit. Lies nicht mit Widerspruchsgeist und Besserwisserei, aber auch nicht, um alles gläubig hinzunehmen; noch um Unterhaltungs- und Gesprächsstoff zu finden, sondern um zu prüfen und nachzudenken. Einige Bücher muss man nur kosten, andere verschlingen und einige wenige durchkauen und verdauen […]. Lesen bereichert den Menschen, mündlicher Gedankenaustausch macht gewandt, Niederschriften verhelfen zu genauerem Wissen. Wer wenig aufzeichnet, muss notwendigerweise ein gutes Gedächtnis besitzen; wer sich wenig in Rede und Gegenrede übt, braucht natürliche Geistesgegenwart, und wer wenig liest, muss schlau sein, um den Anschein zu erwecken, als wüsste er das, was er nicht weiß. Geschichte macht weise, Poesie geistreich, Mathematik scharfsinnig, Naturwissenschaft gründlich, Sittenlehre ernst, Logik und Rhetorik fähig zu disputieren. […] Ja, es gibt keine Unvollkommenheit des Geistes, der nicht durch geeignete Studien abgeholfen werden könnte, gleichwie körperliche Schwächen durch angemessene Leibesübungen behoben werden. Kegelschieben, zum Beispiel, ist gut gegen Stein- und Nierenkrankheiten; Bogenschießen für Lunge und Brust; mäßiges Spazieren für den Magen; Reiten für den Kopf, und so fort. Ebenso sollte derjenige, der sich nicht sammeln kann, die Mathematik studieren; denn schweift sein Geist bei Beweisführungen auch nur ein wenig ab, so muss er wieder von vorn anfangen. Ist sein Verstand nicht dazu fähig, scharf zu trennen und zu unterscheiden, so muss er die Scholastiker studieren, denn sie sind „cymini sectores", Kümmel-, das heißt Haarspalter. Fehlt ihm die Gabe, rasch einen Überblick zu gewinnen und zum Beweise und zur Beleuchtung einer Sache eine andere heranzuziehen, so muss er Rechtsfälle studieren. Auf diese Weise gibt es für jedes geistige Gebrechen ein Rezept.

Francis Bacon: Über das Studieren. In: Essays. Dieterich'sche Verlagsbuchhandlung, Wiesbaden o. J., S. 226 ff.

Aufgaben

1. Fassen Sie den Inhalt von Bacons Essay möglichst prägnant zusammen.

2. Wie verstehen Sie die unterstrichenen Textpassagen?

3. Gedankenspaziergang, Lehrbuch oder Ratgeber? Charakterisieren Sie den Tonfall des Essays. Belegen Sie Ihre Einschätzung mit Textbeispielen.

4. Diskutieren Sie die grau unterlegten Passagen. Stimmen Sie Bacon zu?

Johann Wolfgang Goethe: Eine Buchbesprechung

Johann Wolfgang Goethe (1749–1832): Besprechung von Ernst Stiedenroths „Psychologie zur Erklärung der Seelenerscheinungen"

In dem menschlichen Geiste so wie im Universum ist nichts oben noch unten, alles fordert gleiche Rechte an einen gemeinsamen Mittelpunkt, der sein geheimes Dasein eben durch das harmonische Verhältnis aller Teile zu ihm manifestiert. Alle Streitigkeiten der Ältern und Neuern bis zur neusten Zeit entspringen aus der Trennung dessen, was Gott in seiner Natur vereint hervorgebracht. Recht gut wissen wir, dass in einzelnen menschlichen Naturen gewöhnlich ein Übergewicht irgendeines Vermögens, einer Fähigkeit sich hervortut und dass daraus Einseitigkeiten der Vorstellungsart notwendig entspringen, indem der Mensch die Welt nur durch sich kennt und also, naiv anmaßlich, die Welt durch ihn und um seinetwillen aufgebaut glaubt. Daher kommt denn, dass er seine Hauptfähigkeiten an die Spitze des Ganzen setzt und, was an ihm das Mindere sich findet, ganz und gar ableugnen und aus seiner eignen Totalität hinausstoßen möchte. Wer nicht überzeugt ist, dass er alle Manifestationen des menschlichen Wesens, Sinnlichkeit und Vernunft, Einbildungskraft und Verstand, zu einer entschiedenen Einheit ausbilden müsse, welche von diesen Eigenschaften auch bei ihm die vorwaltende sei, der wird sich in einer unerfreulichen Beschränkung immerfort abquälen und niemals begreifen, warum er so viele hartnäckige Gegner hat, und warum er sich selbst sogar manchmal als augenblicklicher Gegner aufstößt.

So wird ein Mann, zu den sogenannten exakten Wissenschaften geboren und gebildet, auf der Höhe seiner Verstandesvernunft nicht leicht begreifen, dass es auch eine exakte sinnliche Fantasie geben könne, ohne welche doch eigentlich keine Kunst denkbar ist. Auch um denselben Punkt streiten sich die Schüler einer Gefühls- und Vernunftsreligion; wenn die Letzteren nicht eingestehen wollen, dass die Religion vom Gefühl anfange, so wollen die Ersten nicht zugeben, dass sie sich zur Vernünftigkeit ausbilden müsse.

Johann Wolfgang Goethe. Gesammelte Werke, Band 13. C.H. Beck Verlag, München 1983.

Aufgaben

1. Markieren Sie Textstellen, die Ihnen unklar sind. Klären Sie Ihre Fragen anschließend gemeinsam in der Klasse.

2. Übertragen Sie den Text in modernes, möglichst allgemein verständliches Deutsch. Sie dürfen dabei auch den Satzbau ändern, maßvolle Kürzungen vornehmen oder – wo es Ihnen nötig erscheint – kurze Erläuterungen einschieben. Vergleichen und diskutieren Sie Ihre Ergebnisse anschließend.

3. Vergleichen Sie Goethes Aussagen mit denen, die Albert Einstein (S. 49–50) etwa einhundert Jahre später trifft. Welche Gemeinsamkeiten entdecken Sie?

Heinrich von Kleist: Über die allmähliche Verfertigung der Gedanken beim Reden

Heinrich von Kleist (1777–1811):
Über die allmähliche Verfertigung der Gedanken beim Reden

An R[ühle] v. L[ilienstern] (1805/06)

Wenn du etwas wissen willst und es durch Meditation nicht finden kannst, so rate ich dir, mein lieber, sinnreicher Freund, mit dem nächsten Bekannten, der dir aufstößt, darüber zu sprechen. Es braucht nicht eben ein scharfdenkender Kopf zu sein, auch meine ich es nicht so, als ob du ihn darum befragen solltest: Nein! Vielmehr sollst du es ihm selber allererst erzählen. Ich sehe dich zwar große Augen machen und mir antworten, man habe dir in frühern Jahren den Rat gegeben, von nichts zu sprechen als nur von Dingen, die du bereits verstehst. Damals aber sprachst du wahrscheinlich mit dem Vorwitz, *andere*, ich will, dass du aus der verständigen Absicht sprechest, *dich* zu belehren, und so könnten, für verschiedene Fälle verschieden, beide Klugheitsregeln vielleicht gut nebeneinander bestehen. Der Franzose sagt, l'appétit vient en mangeant[1], und dieser Erfahrungssatz bleibt wahr, wenn man ihn parodiert, und sagt, l'idée vient en parlant[2]. Oft sitze ich an meinem Geschäftstisch über den Akten und erforsche, in einer verwickelten Streitsache, den Gesichtspunkt, aus welchem sie wohl zu beurteilen sein möchte. Ich pflege dann gewöhnlich ins Licht zu sehen als in den hellsten Punkt, bei dem Bestreben, in welchem mein innerstes Wesen begriffen ist, sich aufzuklären. Oder ich suche, wenn mir eine algebraische Aufgabe vorkommt, den ersten Ansatz, die Gleichung, die die gegebenen Verhältnisse ausdrückt, und aus welcher sich die Auflösung nachher durch Rechnung leicht ergibt. Und siehe da, wenn ich mit meiner Schwester davon rede, welche hinter mir sitzt und arbeitet, so erfahre ich, was ich durch ein vielleicht stundenlanges Brüten nicht herausgebracht haben würde. Nicht, als ob sie es mir im eigentlichen Sinne sagte; denn sie kennt weder das Gesetzbuch, noch hat sie den Euler[3] oder den Kästner[3] studiert. Auch nicht, als ob sie mich durch geschickte Fragen auf den Punkt hinführte, auf welchen es ankommt, wenn schon dies Letzte häufig der Fall sein mag. Aber weil ich doch irgendeine dunkle Vorstellung habe, die mit dem, was ich suche, von fern her in einiger Verbindung steht, so prägt, wenn ich nur dreist damit den Anfang mache, das Gemüt, während die Rede fortschreitet, in der Notwendigkeit, dem Anfang nun auch ein Ende zu finden, jene verworrene Vorstellung zur völligen Deutlichkeit aus, dergestalt, dass die Erkenntnis, zu meinem Erstaunen, mit der Periode fertig ist. Ich mische unartikulierte Töne ein, ziehe die Verbindungswörter in die Länge, gebrauche auch wohl eine Apposition, wo sie nicht nötig wäre, und bediene mich anderer, die Rede ausdehnender, Kunstgriffe, zur Fabrikation meiner Idee auf der Werkstätte der Vernunft, die gehörige Zeit zu gewinnen. Dabei ist mir nichts heilsamer, als eine Bewegung meiner Schwester, als ob sie mich unterbrechen wollte; denn mein ohnehin schon angestrengtes Gemüt wird durch diesen Versuch von außen, ihm die Rede, in deren Besitz es sich befindet, zu entreißen, nur noch mehr erregt, und in seiner Fähigkeit, wie ein großer General, wenn die Umstände drängen, noch um einen Grad höher gespannt. […]

Ein solches Reden ist ein wahrhaftes, lautes Denken. Die Reihen der Vorstellungen und ihrer Bezeichnungen gehen nebeneinander fort, und die Gemütsakten für eins und das andere, kongruieren. Die Sprache ist alsdann keine Fessel, etwa wie ein Hemmschuh an dem Rade des Geistes, sondern wie ein zweites, mit ihm parallel fortlaufendes, Rad an seiner Achse. Etwas ganz anderes ist es, wenn der Geist schon, vor aller Rede, mit dem Gedanken fertig ist. Denn dann muss er bei seiner bloßen Ausdrückung zurückbleiben, und dies Geschäft, weit entfernt ihn zu erregen, hat vielmehr keine andere Wirkung, als ihn von seiner Erregung abzuspannen. Wenn daher eine Vorstellung verworren ausgedrückt wird, so folgt der Schluss noch gar nicht, dass sie auch verworren gedacht worden sei; vielmehr könnte es leicht sein, dass die verworrenst ausgedrückten grade am deutlichsten gedacht werden. Man sieht oft in einer Gesellschaft, wo durch ein lebhaftes Gespräch, eine kontinuierliche Befruchtung der Gemüter mit Ideen im Werk ist, Leute, die sich, weil sie sich der Sprache nicht mächtig fühlen, sonst in der Regel zurückgezogen halten, plötzlich mit einer zuckenden Bewegung aufflammen, die Sprache an sich reißen und etwas Unverständliches zur Welt bringen. Ja, sie scheinen, wenn sie nun die Aufmerksamkeit aller auf sich gezogen haben, durch ein verlegnes Gebärdenspiel anzudeuten, dass sie selbst nicht mehr recht wissen, was sie haben sagen wollen. Es ist wahrscheinlich, dass diese Leute etwas recht Treffendes, und sehr deutlich, gedacht haben. Aber der plötzliche Ge-

Fortsetzung von Seite 47

Heinrich von Kleist: Über die allmähliche Verfertigung der Gedanken beim Reden

schäftswechsel, der Übergang ihres Geistes vom Denken zum Ausdrücken, schlug die ganze Erregung desselben, die zur Festhaltung des Gedankens notwendig wie zum Hervorbringen erforderlich war, wieder nieder. In solchen Fällen ist es umso unerlässlicher, dass uns die Sprache mit Leichtigkeit zur Hand sei, um dasjenige, was wir gleichzeitig gedacht haben und doch nicht gleichzeitig von uns geben können, wenigstens so schnell als möglich aufeinander folgen zu lassen. Und überhaupt wird jeder, der, bei gleicher Deutlichkeit, geschwinder als sein Gegner spricht, einen Vorteil über ihn haben, weil er gleichsam mehr Truppen als er ins Feld führt. Wie notwendig eine gewisse Erregung des Gemüts ist, auch selbst nur, um Vorstellungen, die wir schon gehabt haben, wieder zu erzeugen, sieht man oft, wenn offene und unterrichtete Köpfe examiniert werden, und man ihnen ohne vorhergegangene Einleitung Fragen vorlegt wie diese: Was ist der Staat? Oder: Was ist das Eigentum? Oder dergleichen. Wenn diese jungen Leute sich in einer Gesellschaft befunden hätten, wo man sich vom Staat, oder vom Eigentum, schon eine Zeitlang unterhalten hätte, so würden sie vielleicht mit Leichtigkeit durch Vergleichung, Absonderung, und Zusammenfassung der Begriffe, die Definition gefunden haben. Hier aber, wo diese Vorbereitung des Gemüts gänzlich fehlt, sieht man sie stocken, und nur ein unverständiger Examinator[4] wird daraus schließen, dass sie nicht *wissen*.

Denn nicht *wir* wissen, es ist allererst ein gewisser *Zustand* unsrer, welcher weiß.

Nur ganz gemeine Geister, Leute, die, was der Staat sei, gestern auswendig gelernt und morgen schon wieder vergessen haben, werden hier mit der Antwort bei der Hand sein. Vielleicht gibt es überhaupt keine schlechtere Gelegenheit, sich von einer vorteilhaften Seite zu zeigen, als grade ein öffentliches Examen. [...]

[1] Der Appetit kommt beim Essen.
[2] Der Gedanke kommt beim Reden.
[3] Johann Albrecht Euler / Abraham Gotthelf Kästner: berühmte Mathematiker; Zeitgenossen Kleists
[4] Examinator: Prüfer

Heinrich von Kleist: Über die allmähliche Verfertigung der Gedanken beim Reden. In: Sämtliche Werke und Briefe. Carl Hanser Verlag, München 1982.

Aufgaben

1. Benennen Sie einige Merkmale, die Kleists Text als einen Essay ausweisen.

2. Erklären Sie Kleists zentrale Gedanken zum Verhältnis von Sprechen und Denken.

3. In welchen Punkten stimmen Sie Kleists Ansichten zu? In welchen Punkten würden Sie ihm widersprechen? Formulieren Sie eine Rezension zu Kleists Text.

4. Lesen Sie die unten stehenden Aphorismen durch und überlegen Sie gemeinsam, welche inhaltlichen Überschneidungen sich mit den Essays auf den Seiten 44 bis 46 ergeben.

5. Nehmen Sie einen der Aphorismen zum Anlass für einen eigenen Essay.

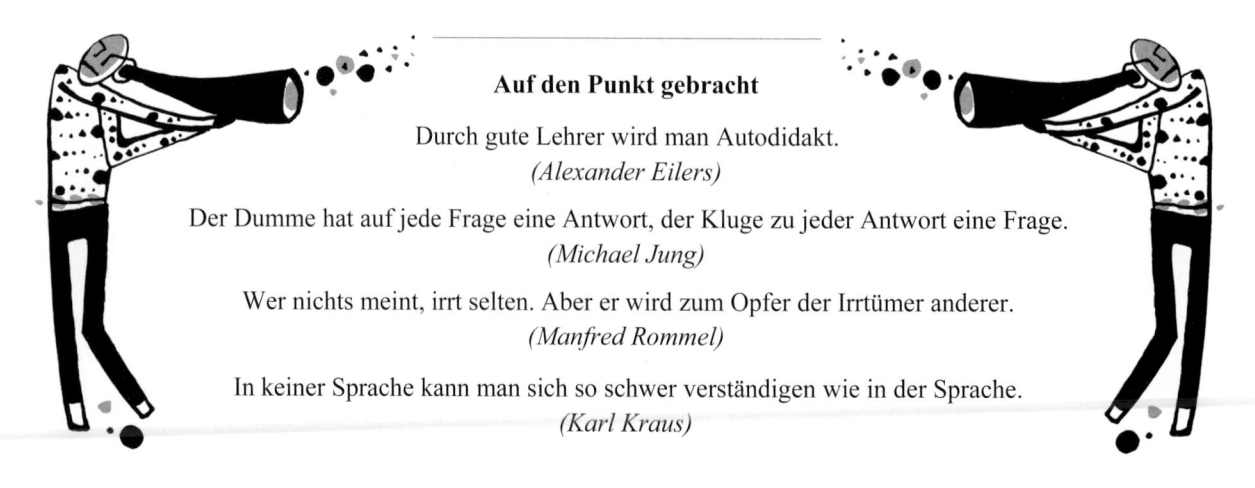

Auf den Punkt gebracht

Durch gute Lehrer wird man Autodidakt.
(Alexander Eilers)

Der Dumme hat auf jede Frage eine Antwort, der Kluge zu jeder Antwort eine Frage.
(Michael Jung)

Wer nichts meint, irrt selten. Aber er wird zum Opfer der Irrtümer anderer.
(Manfred Rommel)

In keiner Sprache kann man sich so schwer verständigen wie in der Sprache.
(Karl Kraus)

Albert Einstein: Religion und Wissenschaft

Albert Einstein (1879–1955): Religion und Wissenschaft (1930)

Alles, was von den Menschen getan und erdacht wird, gilt der Befriedigung gefühlter Bedürfnisse sowie der Stillung von Schmerzen. Dies muss man sich immer vor Augen halten, wenn man geistige Bewegungen und ihre Entwicklung verstehen will. Denn Fühlen und Sehnen sind der Motor alles menschlichen Strebens und Erzeugens, mag sich uns Letzteres auch noch so erhaben darstellen. Welches sind nun die Gefühle und Bedürfnisse, welche die Menschen zu religiösem Denken und zum Glauben im weitesten Sinne gebracht haben? Wenn wir hierüber nachdenken, so sehen wir bald, dass an der Wiege des religiösen Denkens und Erlebens die verschiedensten Gefühle stehen. Beim Primitiven ist es in erster Linie die Furcht, die religiöse Vorstellungen hervorruft. Furcht vor Hunger, wilden Tieren, Krankheit, Tod. Da auf dieser Stufe des Daseins die Einsicht in die kausalen Zusammenhänge gering zu sein pflegt, spiegelt uns der menschliche Geist selbst mehr oder minder analoge Wesen vor, von deren Wollen und Wirken die gefürchteten Erlebnisse abhängen. Man denkt nun, die Gesinnung jener Wesen sich günstig zu stimmen, indem man Handlungen begeht und Opfer bringt, welche nach dem von Geschlecht zu Geschlecht überlieferten Glauben jene Wesen besänftigen bzw. dem Menschen geneigt machen. Ich spreche in diesem Sinne von Furcht-Religion. Diese wird nicht erzeugt, aber doch wesentlich stabilisiert durch die Bildung einer besonderen Priesterkaste, welche sich als Mittlerin zwischen den gefürchteten Wesen und dem Volke ausgibt und hierauf eine Vormachtstellung gründet. Oft verbindet der auf andere Faktoren sich stützende Führer oder Herrscher bzw. eine privilegierte Klasse mit ihrer weltlichen Herrschaft zu deren Sicherung die priesterlichen Funktionen, oder es besteht eine Interessengemeinschaft zwischen der politisch herrschenden Kaste und der Priesterkaste.

Eine zweite Quelle religiösen Gestaltens sind die sozialen Gefühle. Vater und Mutter, Führer größerer menschlicher Gemeinschaften sind sterblich und fehlbar. Die Sehnsucht nach Führung, Liebe und Stütze gibt den Anstoß zur Bildung des sozialen bzw. des moralischen Gottesbegriffes. Es ist der Gott der Vorsehung, der beschützt, bestimmt, belohnt und bestraft. Es ist der Gott, der je nach dem Horizont des Menschen das Leben des Stammes, der Menschheit, ja das Leben überhaupt liebt und fördert, der Tröster in Unglück und ungestillter Sehnsucht, der die Seelen der Verstorbenen bewahrt. Dies ist der soziale oder moralische Gottesbegriff. [...]

All diesen Typen gemeinsam ist der anthropomorphe[1] Charakter der Gottesidee. Über diese Stufe religiösen Erlebens pflegen sich nur besonders reiche Individuen und besonders edle Gemeinschaften wesentlich zu erheben. Bei allen aber gibt es noch eine dritte Stufe religiösen Erlebens, wenn auch nur selten in reiner Ausprägung; ich will sie als kosmische Religiosität bezeichnen. Diese lässt sich demjenigen, der nichts davon besitzt, nur schwer deutlich machen, zumal ihr kein menschenartiger Gottesbegriff entspricht.

Das Individuum fühlt die Nichtigkeit menschlicher Wünsche und Ziele und die Erhabenheit und wunderbare Ordnung, welche sich in der Natur sowie in der Welt des Gedankens offenbart. Es empfindet das individuelle Dasein als eine Art Gefängnis und will die Gesamtheit des Seienden als ein Einheitliches und Sinnvolles erleben. Ansätze zur kosmischen Religiosität finden sich bereits auf früher Entwicklungsstufe, z. B. in manchen Psalmen Davids sowie bei einigen Propheten. Viel stärker ist die Komponente kosmischer Religiosität im Buddhismus, was uns besonders Schopenhauers wunderbare Schriften gelehrt haben. – Die religiösen Genies aller Zeiten waren durch diese kosmische Religiosität ausgezeichnet, die keine Dogmen und keinen Gott kennt, der nach dem Bild des Menschen gedacht wäre. Es kann daher auch keine Kirche geben, deren hauptsächlicher Lehrinhalt sich auf die kosmische Religiosität gründet. So kommt es, dass wir gerade unter den Häretikern[2] aller Zeiten Menschen finden, die von dieser höchsten Religiosität erfüllt waren und ihren Zeitgenossen oft als Atheisten erschienen, manchmal auch als Heilige. Von diesem Gesichtspunkt aus betrachtet, stehen Männer wie Demokrit, Franziskus von Assisi und Spinoza einander nahe.

Wie kann kosmische Religiosität von Mensch zu Mensch mitgeteilt werden, wenn sie doch zu keinem geformten Gottesbegriff und zu keiner Theologie führen kann? Es scheint mir, dass es die wichtigste Funktion der Kunst und der Wissenschaft ist, dies Gefühl unter den Empfänglichen zu erwecken und lebendig zu erhalten.

So kommen wir zu einer Auffassung von der Beziehung der Wissenschaft zur Religion, die recht verschieden ist von der üblichen. Man ist nämlich

Fortsetzung von Seite 49

Albert Einstein: Religion und Wissenschaft

nach der historischen Betrachtung geneigt, Wissenschaft und Religion als unversöhnliche Antagonisten zu halten, und zwar aus einem leicht verständlichen Grund. Wer von der kausalen Gesetzmäßigkeit allen Geschehens durchdrungen ist, für den ist die Idee eines Wesens, welches in den Gang des Weltgeschehens eingreift, ganz unmöglich – vorausgesetzt allerdings, dass er es mit der Hypothese der Kausalität wirklich ernst nimmt. Die Furcht-Religion hat bei ihm keinen Platz, aber ebenso wenig die soziale bzw. moralische Religion. Ein Gott, der belohnt und bestraft, ist für ihn schon darum undenkbar, weil der Mensch nach äußerer und innerer gesetzlicher Notwendigkeit handelt, vom Standpunkt Gottes aus also nicht verantwortlich wäre, so wenig wie ein lebloser Gegenstand für die von ihm ausgeführten Bewegungen. Man hat deshalb schon der Wissenschaft vorgeworfen, dass sie die Moral untergrabe, jedoch gewiss mit Unrecht. Das ethische Verhalten des Menschen ist wirksam auf Mitgefühl, Erziehung und soziale Bindung zu gründen und bedarf keiner religiösen Grundlage. Es stünde traurig um die Menschen, wenn sie durch Furcht vor Strafe und Hoffnung auf Belohnung nach dem Tode gebändigt werden müssten.

Es ist also verständlich, dass die Kirchen die Wissenschaft von jeher bekämpft und ihre Anhänger verfolgt haben. Andererseits aber behaupte ich, dass die kosmische Religiosität die stärkste und edelste Triebfeder wissenschaftlicher Forschung ist. Nur wer die ungeheuren Anstrengungen und vor allem die Hingabe ermessen kann, ohne welche bahnbrechende wissenschaftliche Gedankenschöpfungen nicht zustande kommen können, vermag die Stärke des Gefühls zu ermessen, aus dem allein solche dem unmittelbar praktischen Leben abgewandte Arbeit erwachsen kann. Welch ein tiefer Glaube an die Vernunft des Weltenbaues und welche Sehnsucht nach dem Begreifen wenn auch nur eines geringen Abglanzes der in dieser Welt geoffenbarten Vernunft musste in Kepler und Newton lebendig sein, dass sie den Mechanismus der Himmelsmechanik in der einsamen Arbeit vieler Jahre entwirren konnten! Wer die wissenschaftliche Forschung in der Hauptsache nur aus ihren praktischen Auswirkungen kennt, kommt leicht zu einer ganz unzutreffenden Auffassung vom Geisteszustand der Männer, welche – umgeben von skeptischen Zeitgenossen – Gleichgesinnten die Wege gewiesen haben, die über die Länder der Erde und über die Jahrhunderte verstreut waren. Nur wer sein Leben ähnlichen Zielen hingegeben hat, besitzt eine lebendige Vorstellung davon, was diese Menschen beseelt und ihnen die Kraft gegeben hat, trotz unzähliger Misserfolge dem Ziel treu zu bleiben. Es ist die kosmische Religiosität, die solche Kräfte spendet. Ein Zeitgenosse hat nicht mit Unrecht gesagt, dass die ernsthaften Forscher in unserer im Allgemeinen materialistisch eingestellten Zeit die einzigen tief religiösen Menschen seien.

1 anthropomorph: vermenschlicht
2 Häretiker: Personen, die von der geltenden, orthodoxen Glaubensrichtung abweichen

Albert Einstein: Religion und Wissenschaft. Erstdruck. New York Times, 9.11.1930 und Berliner Tageblatt, 11.11.1930.
© *The Albert Einstein Archives, The Hebrew University of Jerusalem, Israel.*

Aufgaben

1. Zeichnen Sie den Gedankengang Einsteins nach, indem Sie eine Gliederung zu seinem Text erstellen.

2. Benennen Sie die drei Formen der Religiosität, die Einstein anspricht, und sammeln Sie zu allen drei Formen Beispiele aus der Geschichte oder der Gegenwart.

3. Erläutern Sie die Aussage des Zeitgenossen, den Einstein im letzten Satz zitiert, mit Hilfe des Textes. Fallen Ihnen zur Stützung dieser Aussage auch Beispiele aus der Gegenwart ein?

Kurt Tucholsky: Blick in ferne Zukunft

1930, bereits am Anfang des Endes der Weimarer Republik, wirft Kurt Tucholsky einen ebenso bangen wie amüsierten Blick in die gesellschaftliche Zukunft:

Kurt Tucholsky (1890–1935): Blick in ferne Zukunft

… Und wenn alles vorüber ist –; wenn sich das alles totgelaufen hat: der Hordenwahnsinn, die Wonne, in Massen aufzutreten, in Massen zu brüllen und in Gruppen Fahnen zu schwenken, wenn diese Zeitkrankheit vergangen ist, die die niedrigen Eigenschaften des Menschen zu guten umlügt; wenn die Leute zwar nicht klüger, aber müde geworden sind; wenn alle Kämpfe um den Faschismus ausgekämpft und wenn die letzten freiheitlichen Emigranten dahingeschieden sind –:
dann wird es eines Tages wieder sehr modern werden, liberal zu sein.
Dann wird einer kommen, der wird eine geradezu donnernde Entdeckung machen: er wird den Einzelmenschen entdecken. Er wird sagen: Es gibt einen Organismus, Mensch geheißen, und auf den kommt es an. Und ob der glücklich ist, das ist die Frage. Dass der frei ist, das ist das Ziel. Gruppen sind etwas Sekundäres – der Staat ist etwas Sekundäres. Es kommt nicht darauf an, dass der Staat lebe – es kommt darauf an, dass der Mensch lebe.

Dieser Mann, der so spricht, wird eine große Wirkung hervorrufen. Die Leute werden seiner These zujubeln und werden sagen: „Das ist ja ganz neu! Welch ein Mut! Das haben wir noch nie gehört! Eine neue Epoche der Menschheit bricht an! Welch ein Genie haben wir unter uns! Auf, auf! Die neue Lehre –!"
Und seine Bücher werden gekauft werden oder vielmehr die seiner Nachschreiber, denn der erste ist ja immer der Dumme.
Und dann wird sich das auswirken, und hunderttausend schwarzer, brauner und roter Hemden werden in die Ecke fliegen und auf den Misthaufen. Und die Leute werden wieder Mut zu sich selber bekommen, ohne Mehrheitsbeschlüsse und ohne Angst vor dem Staat, vor dem sie gekuscht hatten wie geprügelte Hunde. Und das wird dann so gehen, bis eines Tages …

Kurt Tucholsky: Blick in ferne Zukunft. In: Gesammelte Werke, Band 8. Rowohlt Verlag, Reinbek bei Hamburg 1985.

Aufgaben

1. Informieren Sie sich im Internet oder in einem Geschichtsbuch über die zeitgeschichtlichen Hintergründe dieses Textes.

2. Wie verstehen Sie den Text vor dem Hintergrund seiner Entstehungszeit?
   Was könnte Tucholsky mit diesem Text bezwecken?

3. Erläutern Sie Form und Funktion der Ausschnitthaftigkeit dieses Textes.
   Tipp: Achten Sie auf Satzzeichen und Absätze.

4. Welche Entwicklung in „ferner Zukunft" sieht Tucholsky und welches Menschenbild liegt seiner Prognose zugrunde?
   Tipp: Informieren Sie sich über Tucholskys Biografie.

5. Was spricht Ihrer Ansicht nach für, was gegen eine Bezeichnung dieses Textes als „Essay"?
   Diskutieren Sie.

Thomas Mann: Lob der Vergänglichkeit

Thomas Mann (1875–1955): Lob der Vergänglichkeit (1952)

[…] Wo nicht Vergänglichkeit ist, nicht Anfang und Ende, Geburt und Tod, da ist keine Zeit, – und Zeitlosigkeit ist das stehende Nichts, so gut und so schlecht wie dieses, das absolut Uninteressante. Die Biologen schätzen das Alter des organischen Lebens auf Erden ungefähr auf fünfhundertfünfzig Millionen Jahre. In dieser Zeit entwickelte es in unzähligen Mutationen seine Formen bis hinauf zum Menschen, seinem jüngsten und gewecktesten Kinde. Ob dem Leben noch eine ebenso lange Zeit gewährt sein wird, wie seit seiner Entstehung vergangen ist, weiß niemand. Es ist sehr zäh, aber es ist an bestimmte Bedingungen gebunden, und wie es einen Anfang hatte, so wird es enden. Die Bewohnbarkeit eines Himmelskörpers ist eine Episode in seinem kosmischen Sein. Und würde das Leben noch einmal fünfhundertfünfzig Millionen Jahre alt – am Maßstabe der Äonen gemessen ist es ein flüchtiges Zwischenspiel.

Wird es dadurch entwertet? Im Gegenteil, meine ich, gewinnt es dadurch ungeheuer an Wert und Seele und Reiz; gewinnend gerade und Sympathie erweckend wird es als Episode – und obendrein durch die indefinibel geheimnisvolle Bewandtnis, die es mit ihm hat. Nach seiner Stofflichkeit unterscheidet es sich durch nichts von allem übrigen materiellen Sein. Als es sich dem Anorganischen entband, musste etwas hinzukommen, was noch kein Laboratorium recht zu fassen und auszumachen vermocht hat. Und nicht bei diesem Hinzukommen blieb es. Aus dem Bereich des Tierischen trat der Mensch hervor, – durch Abstammung, wie man sagt; in Wahrheit wiederum durch ein Hinzukommendes, das man mit Worten wie „Vernunft" und „Kulturfähigkeit" nur mangelhaft bestimmt. Die Erhebung des Menschen aus dem Tierischen, von dem ihm viel geblieben ist, hat den Rang und die Bedeutung einer Urzeugung, – es war die dritte nach der Hervorrufung des kosmischen Seins aus dem Nichts und nach der Erweckung des Lebens aus dem anorganischen Sein. […]

Die Beseeltheit des Seins von Vergänglichkeit gelangt im Menschen zu ihrer Vollendung. Nicht, dass er allein Seele hätte. Alles hat Seele. Aber die seine ist die wachste in ihrem Wissen um die Auswechselbarkeit der Begriffe „Sein" und „Vergänglichkeit" und um die große Gabe der Zeit. Ihm ist gegeben, die Zeit zu heiligen, einen Acker, zu treulichster Bestellung auffordernd, in ihr zu sehen, sie als Raum der Tätigkeit, des rastlosen Strebens, der Selbstvervollkommnung, des Fortschreitens zu seinen höchsten Möglichkeiten zu begreifen und mit ihrer Hilfe dem Vergänglichen das Unvergängliche abzuringen.

Die Astronomie, eine große Wissenschaft, hat uns gelehrt, die Erde als ein im Riesengetümmel des Kosmos höchst unbedeutendes, selbst noch in ihrer eigenen Milchstraße ganz peripher sich umtreibendes Winkelsternchen zu betrachten. Das ist wissenschaftlich unzweifelhaft richtig, und doch bezweifle ich, dass sich in dieser Richtigkeit die Wahrheit erschöpft. In tiefster Seele glaube ich – und halte diesen Glauben für jeder Menschenseele natürlich –, dass der Erde im Allsein eine zentrale Bedeutung zukommt. In tiefster Seele hege ich die Vermutung, dass es bei jenem „Es werde", das aus dem Nichts den Kosmos hervorrief, und bei der Zeugung des Lebens aus dem anorganischen Sein auf den Menschen abgesehen war und dass mit ihm ein großer Versuch angestellt ist, dessen Misslingen durch Menschenschuld dem Misslingen der Schöpfung selbst, ihrer Widerlegung gleichkäme.

Möge es so sein oder nicht so sein – es wäre gut, wenn der Mensch sich benähme, als wäre es so.

Thomas Mann: Lob der Vergänglichkeit. Aus: ders.: Gesammelte Werke in 13 Bänden, Band 10. Reden und Aufsätze 2.
© *S. Fischer Verlag GmbH, Frankfurt am Main 1960, 1974.*

Aufgaben

1. Fassen Sie den Essay von Thomas Mann in wenigen Sätzen zusammen.

2. Vergleichen Sie Manns Aussagen mit jenen Albert Einsteins (S. 49–50): Ergänzen oder widersprechen sie sich?

3. Verfassen Sie eine essayistische Antwort auf Thomas Manns Essay aus heutiger Sicht.

Ingeborg Bachmann / Siegfried Lenz: Die Aufgabe der Literatur

Ingeborg Bachmann (1926–1973): Die Wahrheit ist dem Menschen zumutbar (1959)

Der Schriftsteller – und das ist in seiner Natur – wünscht, sich Gehör zu verschaffen. Und doch erscheint es ihm eines Tages wunderbar, wenn er fühlt, dass er zu wirken vermag – umso mehr, wenn er wenig Tröstliches sagen kann vor Menschen, die des Trostes bedürftig sind, wie nur Menschen es sein können, verletzt, verwundet und voll von dem großen geheimen Schmerz, mit dem der Mensch vor allen anderen Geschöpfen ausgezeichnet ist. Es ist eine schreckliche und unbegreifliche Auszeichnung. Wenn das so ist, dass wir sie tragen und mit ihr leben müssen, wie soll dann der Trost aussehen, und was soll er uns überhaupt? Dann ist es doch – meine ich – unangemessen, ihn durch Worte herstellen zu wollen. Er wäre ja, wie immer er aussähe, zu klein, zu billig, zu vorläufig.

So kann es auch nicht die Aufgabe des Schriftstellers sein, den Schmerz zu leugnen, seine Spuren zu verwischen, über ihn hinwegzutäuschen. Er muss ihn, im Gegenteil, wahrhaben und noch einmal, damit wir sehen können, wahrmachen. Denn wir wollen alle sehend werden. Und jener geheime Schmerz macht uns erst für die Erfahrung empfindlich und insbesondere für die der Wahrheit. Wir sagen sehr einfach und richtig, wenn wir in diesen Zustand kommen, den hellen, wehen, in dem der Schmerz fruchtbar wird: Mir sind die Augen aufgegangen. Wir sagen das nicht, weil wir eine Sache oder einen Vorfall äußerlich wahrgenommen haben, sondern weil wir begreifen, was wir doch nicht sehen können. Und das sollte die Kunst zuwege bringen: dass uns, in diesem Sinne, die Augen aufgehen.

Der Schriftsteller – und das ist auch in seiner Natur – ist mit seinem ganzen Wesen auf ein Du gerichtet, auf den Menschen, dem er seine Erfahrung vom Menschen zukommen lassen möchte (oder seine Erfahrung der Dinge, der Welt und seiner Zeit, ja von all dem auch!), aber insbesondere vom Menschen, der er selber oder die anderen sein können und wo er selber und die anderen am meisten Mensch sind. Alle Fühler ausgestreckt, tastet er nach der Gestalt der Welt, nach den Zügen des Menschen in dieser Zeit. Wie wird gefühlt und was gedacht und wie gehandelt? Welche sind die Leidenschaften, die Verkümmerungen, die Hoffnungen …? […]

Wie der Schriftsteller die anderen zur Wahrheit zu ermutigen versucht durch Darstellung, so ermutigen ihn die anderen, wenn sie ihm, durch Lob und Tadel, zu verstehen geben, dass sie die Wahrheit von ihm fordern und in den Stand kommen wollen, wo ihnen die Augen aufgehen. Die Wahrheit nämlich ist dem Menschen zumutbar.

Wer, wenn nicht diejenigen unter Ihnen, die ein schweres Los getroffen hat, könnte besser bezeugen, dass unsere Kraft weiter reicht als unser Unglück, dass man, um vieles beraubt, sich zu erheben weiß, dass man enttäuscht, und das heißt, ohne Täuschung, zu leben vermag. Ich glaube, dass dem Menschen eine Art des Stolzes erlaubt ist – der Stolz dessen, der in der Dunkelhaft der Welt nicht aufgibt und nicht aufhört, nach dem Rechten zu sehen.

Ingeborg Bachmann: Die Wahrheit ist dem Menschen zumutbar. Aus: dies.: Werke, Band 4: Essays. © Pieper Verlag GmbH München.

Siegfried Lenz (*1926): Wettlauf der Ungleichen (1970)

Die Literatur ist sich heute mehr denn je zum Problem geworden. Durchtränkt von der Überzeugung, daß sie überholt, unzeitgemäß, wirkungslos sei, und von einer Skepsis unterwandert, die in der Erscheinung des Schriftstellers nur ein gesellschaftspolitisches Fossil sieht, überreden uns heute gerade Schriftsteller, die Literatur abzuschaffen. Sie wird radikal beschnitten auf gesellschaftspolitische Funktionen, sie wird als feudaler Rest, als sentimentale bürgerliche Selbstbestätigung denunziert und als nutzloser Konsum zurückgewiesen. Ja, man spricht heute der Literatur die Möglichkeit ab, einen Beitrag zur Erkennbarkeit des Menschen in der Zeit zu liefern, und die Frage, ob sie zu seiner sogenannten Selbstverwirklichung beitragen könne, diese Frage wird verneint.

Worauf läßt sich das Ungenügen an der Literatur, das betroffene Schriftsteller selbst äußern, zurückführen?

Ich glaube, die Befürchtung, Literatur könne zu nichts mehr nutze sein, rührt vornehmlich daher, daß wir im Zeitalter der exakten Wissenschaften mit Informationen und Kenntnissen versorgt werden, die zu liefern wir die Literatur für einfach nicht in der Lage halten. Wissenschaft und Literatur – man spielt die Ungleichen gegeneinander aus,

**Ingeborg Bachmann / Siegfried Lenz:
Die Aufgabe der Literatur**

Fortsetzung von Seite 53

man zwingt sie zum Wettlauf, besichtigt ihre Resultate, und danach kommt man selbstverständlich zu dem resignierten Eingeständnis, daß, gemessen an exakter Einsicht, die Literatur hoffnungslos unterlegen sei. So gemessen, so verglichen, so befragt, kann die Literatur in der Tat den Eindruck erwecken, als habe sie abgewirtschaftet. Und deshalb möchte ich, mißtrauisch gegenüber dieser Ansicht und keineswegs bereit, eine Todesurkunde zu früh zu unterschreiben, versuchen, die Chancen und Aufgaben einer Literatur im wissenschaftlichen Zeitalter zu beschreiben – verbliebene Chancen vielleicht, veränderte Aufgaben. […]

Literatur und Wissenschaft haben in jedem Fall diesen gemeinsamen Ausgangspunkt: Wissen. Allerdings muß man sogleich die Verschiedenartigkeit dieses Wissens zugeben. In einem Fall erscheint es geordnet, systematisiert und im weitesten Sinne als verläßlicher Besitz, der aus beglaubigten Fakten, Daten, Zahlen besteht; im anderen Fall handelt es sich um ein Wissen, auf das keine Garantie erteilt werden kann. Es ist wechselhaft, es ist provisorisch, doch seltsamerweise auch allgemein; und zwar insofern allgemein, als dieses literarische Wissen ein Weltgefühl ausdrückt. Der Physiker kennt und verwaltet die Formel der neuen Bombe, der Schriftsteller hingegen verwaltet die Angst, die von dieser Formel ausgeht. Die Verschiedenartigkeit dieses Wissens hebt sich nicht auf, sie ergänzt sich lediglich, und deshalb glaube ich, daß einfach nicht besteht, was man auf den ersten Blick annehmen möchte: ein Konkurrenzverhältnis zwischen Literatur und Wissenschaft. Schließlich muß man sich eingestehen, daß auch die Fragen, die Wissenschaft und Literatur an die Welt stellen, nicht ausnahmslos konkurrierende Fragen sind. Die Wissenschaft stellt ihre Fragen im eigenen Namen, die Literatur dagegen stellvertretend auch im Namen des Lesers. Während die Wissenschaft ihre Fragen vornehmlich an das Ungesicherte wendet, besteht der Schriftsteller darauf, auch das angeblich Gesicherte zu befragen, und gerade dann, wenn es als unveränderlich vorgestellt wird. Auch hier, im Gebrauch der Fragen, wird deutlich, daß Wissenschaft und Literatur nicht zwangsläufig Rivalen sein müssen. Was sich im Netz der Wissenschaft fängt, ist dann auch nicht gleichbedeutend mit dem, was sich im Spiegel der Literatur zu erkennen gibt. Freilich, selbst wenn sich dieses angenommene Rivalitätsverhältnis als Mißverständnis herausstellt, wird niemand übersehen, daß die Literatur im Zeitalter der Wissenschaft ihre Aufgabe neu bestimmen muß. Welch eine Aufgabe? In einer von Wissenschaften erhellten Welt sieht sich die Literatur vor allem auf eine Erscheinung verwiesen, nämlich auf das verdunkelte, auf das deformierte Bild des ratlosen Individuums, dessen Ratlosigkeit seltsamerweise auch dann nicht aufhört, wenn es im Besitz der letzten glanzvollen Erkenntnisse ist. Da ist mit unparteiischer Wissenschaftstheorie nichts auszurichten.

Hier aber, glaube ich, beginnen die Aufgaben eines Schriftstellers von erklärter Parteilichkeit. Die Herkunft einer allgemeinen Trauer zu bestimmen, das Scheitern unserer Entwürfe zu begründen, die Furcht verständlich zu machen und der Hoffnung Namen zu geben, dies, stelle ich mir vor, gehört dazu. Und ich stelle mir auch vor, daß diese Versuche nicht fehlen dürfen: den Schrecken zu neutralisieren und die Not als veränderbar zu beschreiben, die Chancen der Sprache zu belegen und zu zeigen, daß es richtiges und falsches Handeln gibt. Dies alles anschaulich zu machen, ins für sich sprechende Bild zu bringen oder in die poetische Chiffre, das ist Aufgabe genug.

Siegfried Lenz: Wettlauf der Ungleichen. Aus: Elfenbeinturm und Barrikade. Copyright © 1983 by Hoffmann und Campe Verlag, Hamburg.

[R]

Aufgaben

1. Benennen Sie die Aufgaben, die Bachmann und Lenz der Literatur zuweisen. Skizzieren Sie auch den Kontext, in dem sie die Aufgaben der Literatur und des Schriftstellers darstellen.

2. Markieren Sie Gemeinsamkeiten in beiden Texten.

3. Stimmen Sie Ingeborg Bachmann und Siegfried Lenz zu? Begründen Sie Ihre Meinung.

4. Hat sich das Selbstverständnis der Schriftsteller Ihrer Ansicht nach heute geändert? Diskutieren Sie. Lesen Sie zu dieser Frage anschließend auch den Essay von Juli Zeh (S. 56–57).

Hans Magnus Enzensberger: Selbstgespräch eines Verwirrten

Hans Magnus Enzensberger (*1929): Selbstgespräch eines Verwirrten

Wir sind die einen, und die andern sind die andern. Nur damit das klar ist! Die andern sind immer schon da, und sie gehen uns immer auf die Nerven. Nie können sie einen in Ruhe lassen! Wenn sie nur anders wären, das ginge ja noch. Aber nein, sie bilden sich ein, sie wären etwas Besseres. Die anderen sind arrogant, wissen alles besser, können uns nicht ausstehen. Schwer zu sagen, was sie sich eigentlich denken. Manchmal haben wir den Eindruck, daß sie verrückt sind. Eines ist sicher: sie wollen was von uns, lassen uns nicht in Frieden. Provozierend, wie sie uns mustern, als wären wir aus einem Zoo entlaufen, oder als wären wir Aliens. Das wenigste, was man sagen kann: wir fühlen uns von ihnen bedroht. Wenn wir uns nicht wehren, werden sie uns alles wegnehmen, was wir haben. Am liebsten würden sie uns umbringen.

Andererseits, eine Welt ohne die anderen können wir uns gar nicht mehr vorstellen. Manche behaupten sogar, daß wir sie brauchen. Unsere ganze Energie verwenden wir auf die andern, den ganzen Tag und sogar in der Nacht denken wir an sie. Obwohl wir sie nicht ausstehen können, hängen wir an ihnen. Natürlich wären wir froh, wenn sie weggingen, irgendwohin, wo wir sie nicht mehr sehen müßten. Aber was dann? Entweder hätten wir andere andere am Hals, und dann finge das Ganze von vorne an, wir müßten die neuen andern studieren, uns gegen sie wehren, oder noch schlimmer: wir fingen an, uns untereinander zu streiten, und dann wären natürlich die einen von uns die anderen, und es wäre aus und vorbei mit unserem Wir.

Manchmal frage ich mich, ob wir wirklich die einen sind. Denn natürlich sind wir gleichzeitig die anderen der anderen. Auch die brauchen ja jemanden, den sie nicht ausstehen können, und das sind sicherlich wir. Nicht nur wir hängen an ihnen, sie hängen genauso an uns, und zwar wären sie froh, wenn wir weggingen, irgendwohin, wo sie uns nicht mehr sehen müßten. Aber dann würden sie uns wahrscheinlich vermissen. Kaum hätten sie uns los, würden sie sich untereinander bis aufs Blut streiten, genau wie wir, wenn die anderen verschwänden.

Das darf ich natürlich bei uns nicht laut sagen, es ist nur so ein Hintergedanke von mir, den ich lieber für mich behalte. Denn sonst würden alle sagen: jetzt wissen wir Bescheid, mein Lieber! Du bist im Grunde gar keiner von uns, nie gewesen, du hast uns getäuscht! Du bist einer von den andern! Und dann hätte ich nichts zu lachen. Sie würden mir den Hals umdrehen, das steht fest. Ich sollte nicht soviel darüber nachdenken, das ist nicht gesund.

Vielleicht hätten die Meinigen sogar recht. Manchmal weiß ich selber nicht mehr, ob ich einer von den einen bin oder einer von den anderen. Das ist ja das Schlimme. Je länger ich darüber nachgrüble, desto schwerer fällt es mir, zwischen uns und den andern zu unterscheiden. Jeder von den einen sieht, wenn man genauer hinschaut, den anderen verdammt ähnlich, und umgekehrt. Manchmal weiß ich selber nicht mehr, ob ich einer von den einen bin oder ein anderer. Am liebsten wäre ich ich selber, aber das ist natürlich unmöglich.

Hans Magnus Enzensberger: Selbstgespräch eines Verwirrten. Aus: Nomaden im Regal. Essays. © Suhrkamp Verlag, Frankfurt am Main 2003. Alle Rechte bei und vorbehalten durch Suhrkamp Verlag Berlin.

Aufgaben

1. Analysieren Sie die Haltung des reflektierenden Ichs gegenüber seinen Mitmenschen.

2. Auf welche konkreten Situationen im Alltag und im gesellschaftlichen Leben lässt sich dieser Text beziehen?

3. Erklären Sie den pointierten Schluss des Textes.

4. Was berechtigt dazu, diesen Text als Essay zu bezeichnen?

Juli Zeh: Wir trauen uns nicht

Juli Zeh (*1974): Wir trauen uns nicht (2004)

Längst ist es ein Standardvorwurf, fast schon ein Stereotyp geworden, dass wir, die schreibende Zunft und vor allem die Jüngeren unter uns, im schlimmsten Sinne unpolitisch seien.
Wir halten keine Parteibücher. Wir benutzen unsere Texte nicht als Träger politischer Inhalte. Ob wir wählen gehen und was, wissen bestenfalls unsere engsten Freunde. Falls wir eine Meinung haben, teilen wir sie höchstens in aller Bescheidenheit mit, am liebsten am Wohnzimmertisch und unter kostenfreier Mitlieferung sämtlicher Gegenpositionen.
Ich kenne viele Autoren, die von ihren eigenen Texten oder sogar von der Literatur an sich sagen, sie sei geradezu verpflichtet zu politischer Abstinenz; Kunst und Künstler dürften sich nicht in den Dienst überindividueller Zwecke stellen. Über solche abstrakten Fragen ist in der Vergangenheit zur Genüge gestritten worden. Einigermaßen neu scheint mir der Umstand zu sein, dass die zeitgenössische Abkehr der Literatur vom Politischen keinesfalls einem ästhetischen Konzept entspringt. Sie hat nichts mit l'art pour l'art zu tun. Sie entspringt auch keinem politischen Konzept. Sie ist – einfach da. Eine Selbstverständlichkeit, zu der es keine Alternative zu geben scheint.
Nun will ich keineswegs ins Klagelied von der Politikverdrossenheit einstimmen. Meines Erachtens beruht dieses Phänomen allein auf einem terminologischen Missverständnis: Gemeint ist in Wahrheit gar nicht die Politik-, sondern die Parteiverdrossenheit. Die Angehörigen meiner Generation sind echte Einzelgänger; sie mögen sich nicht mit einer Gruppe identifizieren. Wenn einer schon Schwierigkeiten hat, eine Familie zu gründen – wie soll er dann bitte einer Partei beitreten? Wer sich heute als Teil einer Bewegung versteht, gerät schnell in den Verdacht eines Mangels an individueller Persönlichkeit und eines reichlich uncoolen, wenn nicht gar gefährlichen Herdentriebs. Man mag in Deutschland keine Uniformen mehr, weder stoffliche noch geistige. Dass diese Abneigung in einem Land, dessen Bevölkerung traditionell zu Übertreibungen neigt, schnell zum fanatischen Antikollektivismus mutiert, vermag nicht einmal sonderlich zu überraschen. Folge daraus ist leider die Unfähigkeit, legitime Interessen gemeinsam durchzusetzen und auf diese Weise am demokratischen Leben teilzunehmen. In der Demokratie zählt die Mehrheit, und die Mehrheit ist nun mal in gewissem Sinn eine Gruppe.

Ein Schriftsteller muss aber, um politisch zu sein, nicht nur keiner Partei angehören; er muss nicht einmal politische Literatur schreiben. Er kann Schriftsteller und politischer Denker in Personalunion sein, ohne dass das eine Mittel zum Zweck des anderen würde. Was wäre von ihm zu erwarten? Er müsste einfach zu bestimmten politischen Themen eine Meinung entwickeln und diese von Zeit zu Zeit öffentlich kundtun. Mehr als jeder andere hat er die Chance, politisch zu agieren und trotzdem seine Herdenphobie zu pflegen. Lässt man nun die lebende Schriftstellergeneration vor dem geistigen Auge vorbeiziehen, wird man sich in den meisten Fällen ergebnislos fragen: War X für oder gegen den Irak-Krieg? Was meint Y zum Reformstau? Wie steht es nach Zs Meinung um die Fortentwicklung der Demokratie?
Befragt man X, Y und Z in der Kneipe bei Bier und Wein, werden sie mit großer Wahrscheinlichkeit zu allen Fragen etwas sagen können. Fragt man sie: Warum schreibt ihr das nicht auf, wie es eurer Profession entspricht?, werden sie Unklares murmeln. Das bringt nichts. Ist nicht mein Job. Ich trenne Politik und Literatur, ich will mich vor keinen Karren spannen lassen.
Man hat, unendlich paradox, die Politik zur Privatsache erklärt.
Ich sage Ihnen, warum das so ist. Die öffentliche Meinung hat die Schriftsteller aus dem Dienstverhältnis entlassen, und Letztere haben nicht einmal versucht, Kündigungsschutzklage dagegen zu erheben. Wenn heutzutage ein Bedarf nach Meinung entsteht, fragt man einen Spezialisten. In schlimmen Bedarfsfällen gründet man eine Kommission. Es gibt Balkanspezialisten, Irakspezialisten, Steuer-, Ethik- und Jugendspezialisten, Spezialisten für Demokratie oder Menschenrechtsfragen, und es gibt fast ebenso viele Kommissionen. Die Schriftsteller haben sofort eingesehen, dass sie weder Spezialisten noch eine Kommission sind. Sie sind Experten für alles und nichts, für sich selbst, für Gott und die Welt.
Die moderne Menschheit unterliegt einem fatalen Irrtum, wenn sie vergisst, dass Politik etwas ist, das, im Guten wie im Bösen, von Menschen für Menschen gemacht wird, und nicht etwa eine Wissenschaft, die nur in den Laboratorien der globalen Wirtschaft und des internationalen Verbrechens erforscht und verstanden wird. Um politisch zu sein, braucht man keine Partei; und man braucht

Fortsetzung von Seite 56

Juli Zeh: Wir trauen uns nicht

vor allem kein staatlich anerkanntes Expertentum. Vielmehr braucht man zweierlei: gesunden Menschenverstand und ein Herz im Leib. Es ist nicht so, dass uns Schriftstellern diese beiden Dinge abhanden gekommen wären. Wir trauen uns nur nicht mehr, sie öffentlich zu gebrauchen. Wir fürchten die Frage: Woher wisst ihr das?

Nach meiner politischen Einstellung befragt, würde ich antworten, dass ich meinen Kinderglauben an die Gerechtigkeit noch nicht verloren habe. Ich würde anführen, dass ich meine juristischen Kenntnisse bislang ausschließlich darauf verwende, ehrenamtlich gegen demokratischen Kolonialismus auf dem Balkan, gegen ugandische Kriegsverbrecher und gegen die Telekom zu kämpfen. Trotzdem gehöre ich keiner Partei an, und niemand, am allerwenigsten ich selbst, wäre in der Lage zu sagen, ob ich „links" bin oder „rechts".

Mehr als rechts und links, rot oder schwarz stützt mich der feste Glaube, dass der Literatur per se eine soziale und im weitesten Sinne politische Rolle zukommt, weil es ein natürliches Bedürfnis der Menschen ist zu erfahren, was andere Menschen – repräsentiert durch den Schriftsteller und seine Figuren – denken und fühlen. Allein deshalb darf die Literatur auf dem Gebiet der Politik nicht durch den Journalismus ersetzt oder verdrängt werden, und sie soll sich nicht hinter ihrem fehlenden Experten- und Spezialistentum verstecken. Sie steht vielmehr in der Verantwortung, die Lücken zu schließen, die der Journalismus aufreißt, während er bemüht ist, ein Bild von der Welt zu zeichnen. Damit hat sie eine Aufgabe, an der sie wachsen kann, und hier liegt der Weg, den ich einzuschlagen versuche. Ich möchte den Lesern keine Meinungen, sondern Ideen vermitteln und den Zugang zu einem nichtjournalistischen und trotzdem politischen Blick auf die Welt eröffnen.

Juli Zeh: Wir trauen uns nicht. © Juli Zeh.

Aufgaben

1. Welche Erklärung findet Juli Zeh für die „Parteiverdrossenheit" vieler heutiger Schriftsteller und welche Aufgabe spricht sie selbst den heutigen Schriftstellern zu?
Fassen Sie den Text mit eigenen Worten kurz zusammen.

2. Erklären Sie, was Juli Zeh unter politischem Bewusstsein versteht.

3. Formulieren Sie Fragen an Juli Zeh. Sie sollten das Verhältnis der Schriftstellerin zur Politik betreffen.

4. Zusatzaufgabe: Erarbeiten Sie auf der Basis der unten abgedruckten Aphorismen die Gemeinsamkeiten zwischen Aphorismus und Essay. Versuchen Sie anschließend, einen der modernen Essays (S. 55 und S. 56 f.) zu einem Aphorismus zu verkürzen und aus einem der Aphorismen einen kurzen Essay zu entwickeln.

Auf den Punkt gebracht

Aphorismus – das Kürzel eines langen Gedankens.
(Hugo Ernst Käufer)

Aphorismen lesen: die Kunst, zwischen *einer* Zeile zu lesen.
(Ulrich Erckenbrecht)

Der Aphorismus: das komplett abgespeckte, schaurigschöne Skelett eines Gedankens.
(Klaus D. Koch)

Aphorismen zielen auf Zustimmung, doch treffen müssen sie den Widerspruch.
(André Brie)

Dossiers: Einführung

Die **Themen** des schulischen Essays sind:
- Literatur, Sprache, Medien (1, 2)
- Mensch, Staat und Gesellschaft (3–8)

Die folgenden **Dossiers** (Materialsammlungen) entsprechen dem Standard der **Abiturprüfung.** Der Übungsfunktion dieses Heftes gemäß sind sie allerdings etwas umfangreicher als in der Abiturklausur.

Thema 1 (S. 59–61):
Über die Bedeutung der Literatur für das Leben
Schreiben Sie einen Essay zu diesem Thema.

Thema 2 (S. 62–64):
Medien heute – eine kritische Bestandsaufnahme
Schreiben Sie einen Essay zu diesem Thema.

Thema 3 (S. 65–67):
Glück ist …
Schreiben Sie einen Essay zu diesem Thema.

Thema 4 (S. 68/69):
Wissenschaft und Verantwortung in unserer Zeit – Tut man alles, was man kann?
Schreiben Sie einen Essay zu diesem Thema.

Thema 5 (S. 70–72):
Toleranz – ein Wert und seine Bedeutung für unsere Gesellschaft
Schreiben Sie einen Essay zu diesem Thema.

Thema 6 (S. 73–75):
Wahrheit und Lüge – ein Wert und ein Unwert?
Schreiben Sie einen Essay über die Bedeutung von Wahrheit und Lüge für unser Zusammenleben.

Thema 7 (S. 76/77):
Herr der Zeit – Knecht der Zeit?
Über den Umgang mit der Zeit in unserer hochtechnisierten Welt
Schreiben Sie einen Essay zu diesem Thema.

Thema 8 (S: 78/79):
Mobilität heute – eine kritische Standortbestimmung
Schreiben Sie einen Essay zu diesem Thema.

Hinweise zur Aufgabenkonzeption:

Dem Arbeitsauftrag, einen Essay zu schreiben, ist – etwa im beruflichen Gymnasium Baden Württembergs – der Auftrag vorgeschaltet, Abstracts zu sämtlichen oder zu ausgewählten Materialien zu verfassen. Die Standardformulierung lautet:
- Verfassen Sie Abstracts zu allen/folgenden (…) Materialien.

Für die baden-württembergische Praxis gilt: Die vorgelegten Materialien sind als Anregungen, nicht als Vorgabe zu verstehen.

Über die Bedeutung der Literatur für das Leben

Aufgabe

1. Über die Bedeutung der Literatur für das Leben. Schreiben Sie einen Essay zu diesem Thema.

Material 1: Wozu lesen?

Eine Vielzahl von Informationen, die wir im täglichen Leben aufnehmen und verarbeiten, basiert auf Geschriebenem. Über die Schrift werden neben Informationen und Fakten aber auch Ideen, Wert-
5 vorstellungen und kulturelle Inhalte vermittelt. Das Lesen eröffnet die Möglichkeit, diese aufzunehmen und sich damit im Laufe der Zeit auch ganze Lebensbereiche zu erschließen. […]
Das Lesen von Literatur eröffnet eine Perspektive,
10 die mit der Möglichkeit der Identifikation mit Romanfiguren, des stellvertretenden Erlebens, der Planung von Lebensentwürfen, der Fantasieerweiterung und der impliziten Schulung der Fähigkeit, die Perspektive anderer Personen einzunehmen, nur angedeutet werden kann. Literatur als Genre bietet 15 die Möglichkeit der Lebensbewältigung, des ästhetischen Erlebens, der Befriedigung von Unterhaltungsbedürfnissen sowie der Sinnfindung und der Persönlichkeitsentfaltung. Wells (1985) […] stellt die offene Frage, ob unser Leben nicht sogar mehr 20 durch Fiktion als durch Fakten bestimmt ist. […]

Aus: PISA 2000, S. 69f.

Material 2: Christa Wolf: Tabula Rasa

Leisten wir uns ein Gedankenexperiment. Eine Kraft, nicht näher zu bezeichnen, lösche durch Zauberschlag jede Spur aus, die sich durch Lesen von Prosabüchern in meinen Kopf eingegraben hat.
5 Was würde mir fehlen?
Die Antwort ist nicht nur mörderisch; sie ist auch unmöglich. Wenn sie einer geben könnte, wüßte man Genaueres über die Wirkung von Literatur.
Beginne ich in mir abzutöten: das makellose, un-
10 schuldig leidende Schneewittchen und die böse Stiefmutter, die am Ende in den glühenden Pantoffeln tanzt, so vernichte ich ein Ur-Muster, die lebenswichtige Grundüberzeugung vom unvermeidlichen Sieg des Guten über das Böse. Ich kenne auch
15 keine Sagen, habe mir nie gewünscht, an der Seite des hürnenen Siegfried dem Drachen gegenüberzutreten; niemals bin ich vor einem Rauschen im finsteren Wald erschrocken: Rübezahl! Die Tierfabeln habe ich nie gelesen, ich verstehe nicht, was
20 das heißen soll: „listig wie ein Fuchs", „mutig wie ein Löwe". Eulenspiegel kenne ich nicht, habe nicht gelacht über die Listen der Schwachen, mit denen sie die Mächtigen besiegen. […]
Arm, ausgeplündert, entblößt und ungefeit trete ich
25 in mein zehntes Jahr. Brennende Tränen sind ungeweint geblieben; der Hexe im Märchenbuch wurden nicht die Augen ausgekratzt; die jubelnde Erleichterung über die Rettung eines Helden habe ich nicht kennen gelernt; nie bin ich zu den phan-
30 tastischen Träumen angeregt worden, die ich mir im Dunkeln erzähle. Ich weiß nicht, daß Völker verschieden sind und doch einander ähnlich. Meine Moral ist nicht entwickelt, ich leide an geistiger Auszehrung, meine Phantasie ist verkümmert. Vergleichen, urteilen fällt mir schwer. Schön und häß- 35 lich, gut und böse sind schwankende, unsichere Begriffe. Es steht schlecht um mich. […]
Denn nun muß man weitergehen. Die feineren, schwer beweisbaren Wirkungen gilt es auszutilgen, die dauernder Umgang mit Büchern hervorbringt: 40 die Übung und Differenzierung des psychischen Apparats; Schärfung der Sinne; Erweckung der Beobachtungslust, der Fähigkeit, Komik und Tragik von Situationen zu sehen; Heiterkeit aus Vergleich mit Vergangenem zu ziehen; das Heroische 45 als Ausnahme zu würdigen, die es darstellt; und das Gewöhnliche, das sich immer wiederholt, gelassen zur Kenntnis zu nehmen und womöglich zu lieben. Vor allem aber: zu staunen; unaufhörlich zu staunen über seinesgleichen und sich selbst. 50
Aber ich habe nicht gelesen.
Nicht nur meine Vergangenheit ist mit einem Schlag geändert: meine Gegenwart ist dieselbe nicht mehr. Nun bleibt nur das Letzte zu tun: auch die Zukunft zu opfern. Ich werde niemals ein Buch 55 lesen. Der Schrecken, der in diesem Satz steckt, berührt mich, den Nichtleser, nicht.
Denn ich, ohne Bücher, bin nicht ich.

Christa Wolf: Tabula rasa. Aus: Lesen und Schreiben. Neue Sammlung. Luchterhand. Alle Rechte bei und vorbehalten durch Suhrkamp Verlag Berlin.

[R]

Über die Bedeutung der Literatur für das Leben

Material 3: Franz Kafka: Über Bücher

Ich glaube, man sollte überhaupt nur solche Bücher lesen, die einen beißen und stechen. Wenn das Buch, das wir lesen, uns nicht mit einem Faustschlag auf den Schädel weckt, wozu lesen wir dann das Buch?
Damit es uns glücklich macht, wie du schreibst? Mein Gott, glücklich wären wir eben auch, wenn wir keine Bücher hätten, und solche, die uns glücklich machen, könnten wir uns zur Not selber schreiben.
Wir aber brauchen Bücher, die auf uns wirken wie ein Unglück, das uns schmerzt […].

Franz Kafka: Über Bücher. In: Werke. Hg. von Max Brod. S. Fischer Verlag, Frankfurt am Main 1985.

Material 4: Zitatenspeicher

Die Dichtung bessert nicht, aber sie tut etwas viel Entscheidenderes: sie verändert.
Gottfried Benn (1886–1956)

Die Dichtung schafft einen magischen Raum, in dem das sonst Unvereinbare vereinbar, das sonst Unmögliche wirklich wird.
Hermann Hesse (1877–1962)

Poesie ist Dynamit für alle Ordnungen dieser Welt.
Heinrich Böll (1917–1985)

Die Poesie heilt die Wunden, die der Verstand schlägt.
Novalis (1772–1801)

Die Poesie ist Enthüllung, weil sie Kritik ist: Sie schließt auf, deckt auf, bringt das Verborgene zum Vorschein – die geheimen Leidenschaften, die nächtliche Seite der Dinge, die Kehrseite der Zeichen.
Octavio Paz (1914–1998)

Der Dichter ist das Sprachrohr der Ratlosigkeit seiner Zeit.
Marie Luise Kaschnitz (1901–1974)

Material 5: Hans Magnus Enzensberger: Ins Lesebuch für die Oberstufe

Lies keine Oden, mein Sohn, lies die Fahrpläne:
sie sind genauer. Roll die Seekarten auf,
eh es zu spät ist. Sei wachsam, sing nicht.
Der Tag kommt, wo sie wieder Listen ans Tor
schlagen und malen den Neinsagern auf die Brust
Zinken. Lern unerkannt gehen, lern mehr als ich:
das Viertel wechseln, den Paß, das Gesicht.
Versteh dich auf den kleinen Verrat,
die tägliche schmutzige Rettung. Nützlich
sind die Enzykliken zum Feueranzünden,
die Manifeste: Butter einzuwickeln und Salz
für die Wehrlosen. Wut und Geduld sind nötig,
in die Lungen der Macht zu blasen
den feinen tödlichen Staub, gemahlen
von denen, die viel gelernt haben,
die genau sind, von dir.

Hans Magnus Enzensberger: Ins Lesebuch für die Oberstufe. Aus: Verteidigung der Wölfe. © Suhrkamp Verlag, Frankfurt am Main 1963. Alle Rechte bei und vorbehalten durch Suhrkamp Verlag Berlin.

Fortsetzung von Seite 60 **Über die Bedeutung der Literatur für das Leben**

Material 6: Iris Radisch: Zeichen und Wunder – Gute Bücher bilden nicht nur Herz und Verstand: Sie machen auch glücklich

[…] Sowohl bildungsbürgerliche wie die alltagspsychologische und die medienkompetente Aufforderung zum Lesen haben wenig bewirkt. In Wirklichkeit gilt: Literatur kann nur durch sich selbst überzeugen. Sie ist nicht dazu da, Lebenswirklichkeiten nachzuplappern, zu überhöhen oder Berufskarrieren zu begründen. Sie ist etwas Ernsteres. Sie ist eine echte Alternative, keine Flucht vor der Wirklichkeit, sondern eine Gegenwirklichkeit, mancher sagt: die eigentliche Wirklichkeit. Nur in großer Literatur sind vergangene Zeiten gegenwärtig, nur hier ist das Innere eines anderen für uns erfahrbar, nur hier können wir uns selbst als Fremde begegnen, nur hier sind Anarchie und Subjektivität wirklich zu Hause. Was wüssten wir vom Judentum, was vom Christentum oder den anderen Religionen ohne Literatur? Und wo kann man noch immer unendlich viel mehr über die Liebe erfahren als im elenden Nachtprogramm von RTL?

Gute Bücher erklären und öffnen uns die Welt, wie es sonst niemand vermag. Sie schärfen unseren Möglichkeitssinn, verfeinern unser Gehör, bilden unseren Geschmack. Sie zerreißen den Panzer aus Konvention und Banalität, der uns umgibt. Gut geschrieben ist immer auch gut gedacht: Niemand, der heute Tolstoj gelesen hat, wird sich morgen mit den Phrasen eines sprachdebilen Medienkapitalismus abspeisen lassen. […] Lesend können wir die Welt erkennen. Die andere Welt. Die, in der nicht alle Zeiger auf Geld gestellt sind. Und das ist – obwohl die meisten guten Bücher schlecht ausgehen – ein großes Glück.

Iris Radisch: Zeichen und Wunder ... In: DIE ZEIT vom 11. Dezember 2003.

Material 7: Friedrich Schiller: Die Schaubühne als moralische Anstalt betrachtet

Die Gerichtsbarkeit der Bühne fängt an, wo das Gebiet der weltlichen Gesetze sich endigt. Wenn die Gerechtigkeit für Gold verblindet und im Solde der Laster schwelgt, wenn die Frevel der Mächtigen ihrer Ohnmacht spotten und Menschenfurcht den Arm der Obrigkeit bindet, übernimmt die Schaubühne Schwert und Waage und reißt die Laster vor einen schrecklichen Richterstuhl. Das ganze Reich der Phantasie und Geschichte, Vergangenheit und Zukunft stehen ihrem Wink zu Gebote. […]

Friedrich Schiller: Die Schaubühne als moralische Anstalt betrachtet. In: Sämtliche Werke. Carl Hanser Verlag, München 1965.

Material 8: Gerhard Haderer: Der Bücherwurm 2009

Gerhard Haderer/Stern/Picture Press

Medien heute

Aufgabe

1. Medien heute – eine kritische Bestandsaufnahme. Schreiben Sie einen Essay zu diesem Thema.

Material 1: Heribert Prantl: Die Zeitung ist wichtiger als die Deutsche Bank

Es gibt guten und schlechten Journalismus, in allen Medien. Guter Journalismus hat große Zeiten vor sich: Noch nie hatten Journalisten ein größeres Publikum als seit der digitalen Revolution. Noch nie war Journalismus weltweit zugänglich. Und es gab wohl noch nie so viel Bedürfnis nach einem orientierenden, aufklärenden, einordnenden und verlässlichen Journalismus wie heute. Es ist nämlich so: Die Ausweitung des wissbaren Wissens durch das Netz wird auf Kosten ihrer Vertiefung verwirtschaftet. Die Datenmenge nimmt zu, aber die Datenverarbeitung bleibt aus. Da kommt dem Journalismus eine neue Aufgabe zu: Gegen Datentrash hilft nur Reflexion und Hintergrundbildung. [...] Die Tageszeitung wird sich des Internets wegen verändern – sehr viel mehr, als die Konkurrenz von Rundfunk und Fernsehen sie verändert hat. Der Inhalt der Zeitung wird ein anderer sein, aber die Zeitung wird erst recht Zeitung sein: Die Texte, die dort stehen, werden Nachrichten im Ursinne sein müssen, Texte zum Sich-danach-Richten. Es wird Texte und Formen geben, die den Datentrash des Internets sortieren, ordnen, bewerten. Das kriegt man nicht umsonst, das kostet. Ein Billigjournalismus ist zum Wegwerfen, nicht zum Lesen.

Heribert Prantl: Die Zeitung ist wichtiger als die Deutsche Bank. In: Süddeutsche Zeitung vom 8.6.2009.

Material 2: Peter Zschunke: Vernetzen für die Karriere

Facebook fragt: „Was machst du gerade?" Xing hingegen lässt die Nutzer erklären, „Warum ich auf Xing bin". Der IT-Experte Tom Hensel gibt zum Beispiel in seinem Profil unter anderem an, dass er neue Aufträge sucht und interessante Personen kennen lernen möchte. „Xing ist enorm wichtig für mich", sagt der Hamburger. „Die meisten Anfragen zu den Diensten, die ich leiste, erreichen mich über diese Plattform." [...] Der Nutzwert für die berufliche Karriere steht im Zentrum der beiden Business-Netzwerke Xing und LinkedIn.
[...] Besonders viele Möglichkeiten bieten Business-Netzwerke Freiberuflern und anderen Selbstständigen. In der Hoffnung auf Anfragen und Aufträge geben sie in ihrem Profil Fähigkeiten, Leistungen und Referenzen an. Daneben dienen Xing und LinkedIn der Vernetzung von Experten in bestimmten Fachgebieten. In den Gruppen kommen Gleichgesinnte aus verschiedenen Unternehmen oder Einrichtungen mit anderen Spezialisten zusammen und tauschen sich aus. Die Business-Netzwerke dienen auch als Forum für die Vermittlung von Arbeitsplätzen. Hier kommen Personalchefs von Unternehmen, freie Personalberater, Arbeitslose und an einem Wechsel interessierte Angestellte zusammen.

Peter Zschunke: Vernetzen für die Karriere. In: Rhein-Neckar-Zeitung vom 25.6.2011.

Material 3: Harald Martenstein: Angst vor Twitteratur

Wenn ich wollte, könnte ich ununterbrochen mit Hilfe moderner Maschinen kommunizieren und Menschen, die ich kaum kenne, inhaltsarme Minitexte senden. Ich brauche aber hin und wieder Zeit zum Nachdenken, ich lese auch ganz gerne mal einen längeren Text. Dazu muss ich mich konzentrieren, ich kann nicht gleichzeitig simsen. Was mich, Twitter betreffend, besonders misstrauisch macht, ist der Hype, also die allgemeine Aufregung. Ein Kenner sagt am Telefon: „Das ist das nächste heiße Ding im Netz! Es wird alles noch schneller!" Wenn irgendwas als „das nächste heiße Ding" gehandelt wird, bedeutet dies mit 90-prozentiger Sicherheit, dass es demnächst den Bach runtergeht [...].

Harald Martenstein: Angst vor der Twitteratur (ZEIT online, 16.3.2009; http://www.zeit.de/2009/12/Martenstein-12?page=all)

Material 4: Cathrin Kahlweit: Wer im Computer lebt

Vor allem die Schulen rufen immer lauter um Hilfe: „Kinder und Jugendliche im Internet – Gefahren, die keiner kennt", heißt eine Veranstaltung, die derzeit bayerischen Eltern angeboten wird; wegen „großer Hilflosigkeit" veranstaltete unlängst ein Berliner Gymnasium einen Abend zum Thema Internet. Die Bilder gleichen sich landauf, landab: Da sitzen ratlose Erwachsene beisammen, die Spiele wie „Counter-Strike" vom Hörensagen kennen und nur ansatzweise wissen, was ein „offener Chatroom" ist, und berichten sich gegenseitig von ihrer Sorge, von Kindern, die Stunde um Stunde am Computer sitzen, immer schlechtere Noten nach Hause bringen, sich aus ihrem persönlichen Umfeld zurückziehen. […]

Untersuchungen belegen, dass insbesondere bei Jugendlichen zwischen 14 und 19 die Gefahr groß ist, in die Welt des PC ein- und aus dem realen Leben auszusteigen; 16 % gelten als computersuchtgefährdet, 3,5 % spielen mehr als 35 Stunden wöchentlich. Wer einen eigenen PC im Kinderzimmer hat, ist schlechter in der Schule, wer ausdauernd Computerspiele spielt, schafft es seltener aufs Gymnasium. Wer viele Stunden in Chatforen kommuniziert, verlernt das direkte Gespräch. Wer in den Videowelten fremder Leben surft, erlebt nichts mehr selbst. Mehr noch als ausdauernder Fernsehkonsum ersetzt die Virtualität des Netzes eigene Aktivitäten, eine eigene Identität.

Cathrin Kahlweit: Wer im Computer lebt. In: Süddeutsche Zeitung vom 22.11.2006.

Material 5: Ruben Karschnick: Echt jetzt?

„Digital Natives" nennt man uns, digitale Einheimische. Ein Leben ohne Internet können wir uns nicht vorstellen. Wir chatten, statt zu reden, lesen Nachrichten auf dem Bildschirm statt in der Zeitung und verbringen täglich unzählige Stunden auf Facebook. Wir posten unser Privatleben und googeln alles, auch uns selbst. Das alles machen wir beinahe gleichzeitig, denn wir sind Meister des Multitaskings. Wir Vernetzten, das sind 97,5 % unserer Altersgruppe in Deutschland.

Klingt unheimlich? Finden wir auch, wenn wir drüber nachdenken. Aber auch nur dann.

Wir sind die großen Profiteure, weil wir das Internet nutzen wie keine Generation vor uns. Alles, womit wir konfrontiert werden, recherchieren wir: Was taugt das iPhone? Wie tickt die Süße aus der Fahrschule? Welche Fragen kommen im Bewerbungsgespräch? […]

Im Internet können wir jederzeit verschwinden an einen Ort, der uns Sicherheit und Geborgenheit bietet. Wir vergessen die Probleme des Alltags und klicken uns rein ins Vergnügen. Hier können wir uns austoben, Dinge tun, die wir im normalen Leben nicht wagen würden; wir werden zu Stalkern, quatschen wildfremde Menschen an und geben uns so, wie wir uns wünschen zu sein.

Es ist ein Wunderland, in dem es alles gibt: Unterhaltung, wenn uns langweilig ist, Ratschläge, wenn wir Kummer haben, Kontakte, wenn wir einsam sind. Wir lieben das Gefühl in Gesellschaft zu sein, obwohl wir in Wahrheit doch so einsam vor unseren Bildschirmen hocken.

Dies alles machen wir mit der größten Selbstverständlichkeit, wir empfinden *Online* und *Offline* nicht als zwei Welten, sondern leben in beiden gleichzeitig. Wir wissen zwar, dass ein Gespräch etwas anderes ist als ein Chat, scheuen uns aber nicht, auch die wichtigen Fragen des Lebens online zu klären.

Um viele Gefahren der digitalen Welt wissen wir. Dass Facebook unsere Daten verkauft und Google alles speichert, was wir je anfragen, ist uns bewusst. Sogar bewusster, als uns nachgesagt wird, aber die Risiken stehen für uns in keiner Relation zum Nutzen. Wir geben Facebook unsere Daten, Facebook gibt uns das Gefühl von Zugehörigkeit. […]

Ruben Karschnick: Echt jetzt? In: Zeitmagazin Nr. 34 vom 19.8.2010.

Medien heute

Material 6: Susanne Gaschke: Im Google-Wahn

Die Welt hat in den vergangenen 15 Jahren eine informationstechnische Revolution erlebt [...]. Nun kommt das internetfähige Google-Handy Nexus One auf den Markt. Wie mit nahezu jedem modernen Handy kann man auch mit diesem Fotos machen – nur hat das Nexus ein Programm, das diese Fotos per Internet gleich zu identifizieren vermag. Bald wird so jeder Fremde im Café erkennbar sein – wenn es irgendwo im Netz ein Bild von ihm gibt. Das stellt unseren Begriff von Privatsphäre radikal in Frage. Doch von einer vorausschauenden politischen Debatte ist wieder nichts zu spüren.

Die aber wird dringend gebraucht. Es geht um Monopolansprüche auf die Ressourcen der Wissensgesellschaft. Es geht um Überwachung – durch Privatunternehmen und Mitbürger. Es geht um personalisierte Werbung, die den Kunden umzingelt. Und es geht um die Bereitschaft vieler Menschen, die Verantwortung für ihre Entscheidungen an Computerprogramme abzugeben.

Mit seiner genialen Suchmaschinenidee hat Google die Informationsbeschaffung revolutioniert. Das neue Handy trägt nun die Netzanbindung vom Schreibtisch hinaus in die Wirklichkeit: Wer will, kann künftig total online sein. Das Bilderkennungsprogramm mit dem Namen Goggles erläutert dem Nutzer historische Bauwerke, das Handy findet den Weg zum Bahnhof und sucht das netteste Restaurant in der Nähe aus. Goggles kann bereits heute Gesichter erkennen, aber Google hält diese Anwendung einstweilen zurück – bis datenschutzrechtliche Probleme ausgeräumt seien. [...]

Susanne Gaschke: Im Google-Wahn. In: DIE ZEIT vom 14.1.2010.

Material 7: Bedeutung der Medien für Kinder 2010

Angaben der Haupterzieher (in Prozent)

	Buch	Computer	Internet	Kassette/ CD/MP3	Radio	TV/Video/ DVD
Fördert die Fantasie von Kindern	72	25	18	24	12	38
Kinder lernen aus Medien	62	43	35	13	15	43
Hat Einfluss auf Gewaltbereitschaft	3	31	58	3	3	62
Vermittelt Eindruck vom wirklichen Leben	14	9	14	4	14	42
Ist wichtig, um bei Freunden mitzureden	21	50	42	20	12	61
Kinder erfahren ungeeignete Dinge	3	20	65	3	7	56
Ist wichtig für Schulerfolg	69	47	31	6	9	17
Gibt Vorstellung, was „gut" und was „schlecht" ist	26	9	14	6	11	39
Macht Kinder zu „Stubenhockern"	7	63	59	7	3	57

KIM-Studie 2010 / www.mpfs.de

Glück ist …

Aufgabe

1. „Glück ist …" Schreiben Sie einen Essay zu diesem Thema.

Material 1: „Declaration of Independence" vom 4. Juli 1776

[…] folgende Wahrheiten erachten wir als selbstverständlich: Dass alle Menschen gleich geschaffen sind; dass sie von ihrem Schöpfer mit gewissen unveräußerlichen Rechten ausgestattet sind; dass dazu Leben, Freiheit und das Streben nach Glück gehören; dass zur Sicherung dieser Rechte Regierungen unter den Menschen eingerichtet werden, die ihre rechtmäßige Macht aus der Zustimmung der Regierten herleiten; dass, wenn irgendeine Regierungsform sich für diese Zwecke als schädlich erweist, es das Recht des Volkes ist, sie zu ändern oder abzuschaffen und eine neue Regierung einzusetzen und sie auf solchen Grundsätzen aufzubauen und ihre Gewalten in der Form zu organisieren, wie es zur Gewährleistung ihrer Sicherheit und ihres Glückes geboten zu sein scheint […]

Material 2: Mathias Schreiber: Wellness

Ein beliebter Tummelplatz neudeutscher Alltagsbeglückung heißt „Wellness", jene eigenartige Verbindung diffusen Wohlbefindens mit Naturmedizin und Mystik, die sich oft auf fernöstliche Lebensweisheiten beruft, vor allem auf jene des Buddha. Dieser nordindische Prinz, der 500 Jahre vor Jesus zum asketischen Wanderprediger (mit ähnlicher Botschaft) mutierte, empfiehlt vor allem den heiteren Verzicht auf forciertes Selbstsein und Haben-Wollen. […] Das Begehren erkennen und die Dinge loslassen, hektische Unruhe durch stille Achtsamkeit ersetzen, Vergänglichkeit beobachten und akzeptieren, mitfühlend und großzügig sein, Hass, Zweifel und Trägheit überwinden – diese und andere Grundmotive buddhistischer Moral […] kombiniert die westliche Wellness-Ideologie in nicht selten kurioser Weise mit ausgetüftelten Teeritualen, Sondermatratzen, Klang-, Wasser- und Licht-Inszenierungen, mit Entspannungsgymnastik und speziellen Wohn-, Koch- oder Reise-„Alternativen". Das Ganze ergibt eine creme- und rosafarbene, sanft säuselnde Wellness-Welt, an der nur eines hart ist: der Umsatz. Er beträgt in Deutschland pro Jahr über 70 Milliarden Euro.

Mathias Schreiber: Ein beliebter Tummelplatz ... Aus: Ein Hauch, ein Husch. © SPIEGEL 23/2009.

Material 3: Mathias Schreiber: Was Glück ist

Die Ethnologin Braun meint, ihre Studie habe gezeigt, „dass viele kleine Freuden mehr zu einem glücklichen Leben beitragen als wenige große Glückserlebnisse". […] Eine Umfrage, die das Institut TNS Infratest vor gut einem Jahr im Auftrag des SPIEGEL erarbeitet hat, bestätigt diese Bedeutung des eher Unspektakulären: 71% der über 18-jährigen Deutschen halten „gute Gesundheit" für die „wichtigste Grundlage" ihres Lebensglücks. An zweiter Stelle erscheinen „Freunde, auf die man sich verlassen kann" (38%); an dritter steht eine gute, sichere Arbeit (37%); an vierter eine „erfüllte Liebesbeziehung" (30%); auf dem fünften Rang, mit 16% Zustimmung, folgt die Glücksquelle „genügend Geld".

Mathias Schreiber: Die Ethnologin Braun ... Aus: Ein Hauch, ein Husch. © SPIEGEL 23/2009.

Material 4: Sigmund Freud: Das Streben nach Glück

Die Frage nach dem Zweck des menschlichen Lebens ist unzählige Male gestellt worden; sie hat noch nie eine befriedigende Antwort gefunden, lässt eine solche vielleicht überhaupt nicht zu. […] Wenden wir uns darum der anspruchsloseren Frage zu, was die Menschen selbst durch ihr Verhalten als Zweck und Absicht ihres Lebens erkennen lassen, was sie vom Leben fordern, in ihm erreichen wollen. Die Antwort darauf ist kaum zu verfehlen; sie streben nach dem Glück, sie wollen glücklich werden und so bleiben. Dies Streben hat zwei Seiten, ein positives und ein negatives Ziel, es will einerseits die Abwesenheit von Schmerz und Unlust, andererseits das Erleben starker Lustgefühle. Im engeren Wortsinne wird „Glück" nur auf das Letztere bezogen. Entsprechend dieser Zweiteilung der Ziele entfaltet sich die Tätigkeit der Menschen nach zwei Richtungen, je nachdem sie das eine oder das andere dieser Ziele – vorwiegend oder selbst ausschließlich – zu verwirklichen sucht.

Es ist, wie man merkt, einfach das Programm des Lustprinzips, das den Lebenszweck setzt. Das Prinzip beherrscht die Leistung des seelischen Apparates von Anfang an; an seiner Zweckdienlichkeit kann kein Zweifel sein, und doch ist sein Programm im Hader mit der ganzen Welt […]. Es ist überhaupt nicht durchführbar, alle Einrichtungen des Alls widerstreben ihm; man möchte sagen: Die Absicht, dass der Mensch „glücklich" sei, ist im Plan der „Schöpfung" nicht enthalten. Was man im strengsten Sinne Glück heißt, entspringt der eher plötzlichen Befriedigung hoch aufgestauter Bedürfnisse und ist seiner Natur nach nur als episodisches Phänomen möglich. Jede Fortdauer einer vom Lustprinzip ersehnten Situation ergibt nur ein Gefühl von lauem Behagen; wir sind so eingerichtet, dass wir nur den Kontrast intensiv genießen können, den Zustand nur sehr wenig. Somit sind unsere Glücksmöglichkeiten schon durch unsere Konstitution beschränkt.

Sigmund Freud: Das Streben nach Glück. Aus: Das Unbehagen in der Kultur und andere kulturhistorische Schriften. Fischer Verlag, Frankfurt am Main 1994.

Material 5: Glück ist Chemie

Dopamin, Serotonin – hinter diesen chemischen Begriffen verbirgt sich etwas ebenso Simples wie Schönes: Glück nämlich. Denn diese Hormone sind dafür verantwortlich, dass wir uns gut fühlen. Sie vermitteln den Nervenzellen (Neuronen) des Gehirns die Botschaft, die diese dann elektrisch weiterleiten: „Seid glücklich!" Sportler können seelische Höhenflüge allein dadurch empfinden, dass sie eben Sport treiben. Die Morphium ähnlichen Substanzen, die dabei entstehen, hinterlassen solche Glücksboten. Dass Lachen gesund ist, wird beim britischen Gesundheitsdienst NHS in die Praxis umgesetzt: In dessen Spitälern sind Lachtherapeuten eingestellt. Die Idee, die dahinter steckt, ist einfach: Der Patient hat eine halbe Stunde Spaß auf Rezept, und der Staat spart im Gegenzug Geld, weil Lachen gesund macht.

Forscher haben zwar kein Rezept für das große Glück. Aber der Kühlschrank: Schokolade. Die Amerikanische Gesellschaft für Chemie sagt, dass diese Süßigkeit das Risiko senkt, an Krebs oder einem Herzleiden zu erkranken. Gleichzeitig wirken die Inhaltsstoffe auf Umwegen im Körper so, dass wieder der Glücksbotenstoff Serotonin entsteht. Aber auch hier gilt: Zu viel ist ungesund. Ein weiteres Geheimnis menschlichen Glücks haben die Forscher auch noch entdeckt: Es gibt einen direkten Zusammenhang zwischen Gerüchen, dem Immunsystem und der Stimmungslage. So bewirkt bereits der Duft von Schokolade, dass im Körper signifikant mehr Abwehrstoffe gegen Krankheiten gebildet werden. Dahingegen waren die Immunglobuline bei jenen Versuchspersonen deutlich reduziert, die bei diesem Test an Extrakt von verdorbenem Fleisch schnuppern mussten. Die Botschaft für die Menschen kann also nur lauten: Nehmen Sie sich Zeit und riechen Sie an Blumen.

Fortsetzung von Seite 66

Glück ist …

Material 6: Aristoteles: Glück als höchstes Gut

Als vollkommener aber bezeichnen wir ein Gut, das rein für sich erstrebenswert ist gegenüber dem, das Mittel zu einem anderen ist. Ferner das, was niemals im Hinblick auf ein weiteres Ziel gewählt wird gegenüber dem, was sowohl an sich als auch zu Weiterem gewählt wird. Und als vollkommen schlechthin bezeichnen wir das, was stets rein für sich gewählt wird und niemals zu einem anderen Zweck. Als solches Gut aber gilt in hervorragendem Sinne das Glück. Denn das Glück erwählen wir uns stets um seiner selbst willen und niemals zu einem darüber hinausliegenden Zweck.

Aristoteles: Glück als höchstes Gut. Aus: Nikomachische Ethik. Reclam Verlag, Stuttgart 1986.

Material 7: Zitatenspeicher

Kommt zu einem schmerzlosen Zustand noch die Abwesenheit der Langeweile,
so ist das irdische Glück im Wesentlichen erreicht.
Arthur Schopenhauer (1788–1860)

Das Glück besteht darin, zu leben wie alle Welt und doch wie kein anderer zu sein.
Simone de Beauvoir (1908–1986)

Glücklich machen ist das höchste Glück.
Theodor Fontane (1819–1898)

Sich wegwerfen können für einen Augenblick, Jahre opfern können für das Lächeln einer Frau, das ist Glück.
Hermann Hesse (1877–1962)

Glück hat auf die Dauer nur der Tüchtige.
Graf von Moltke (1800–1891)

Material 8: Das Geschäft mit dem Glück

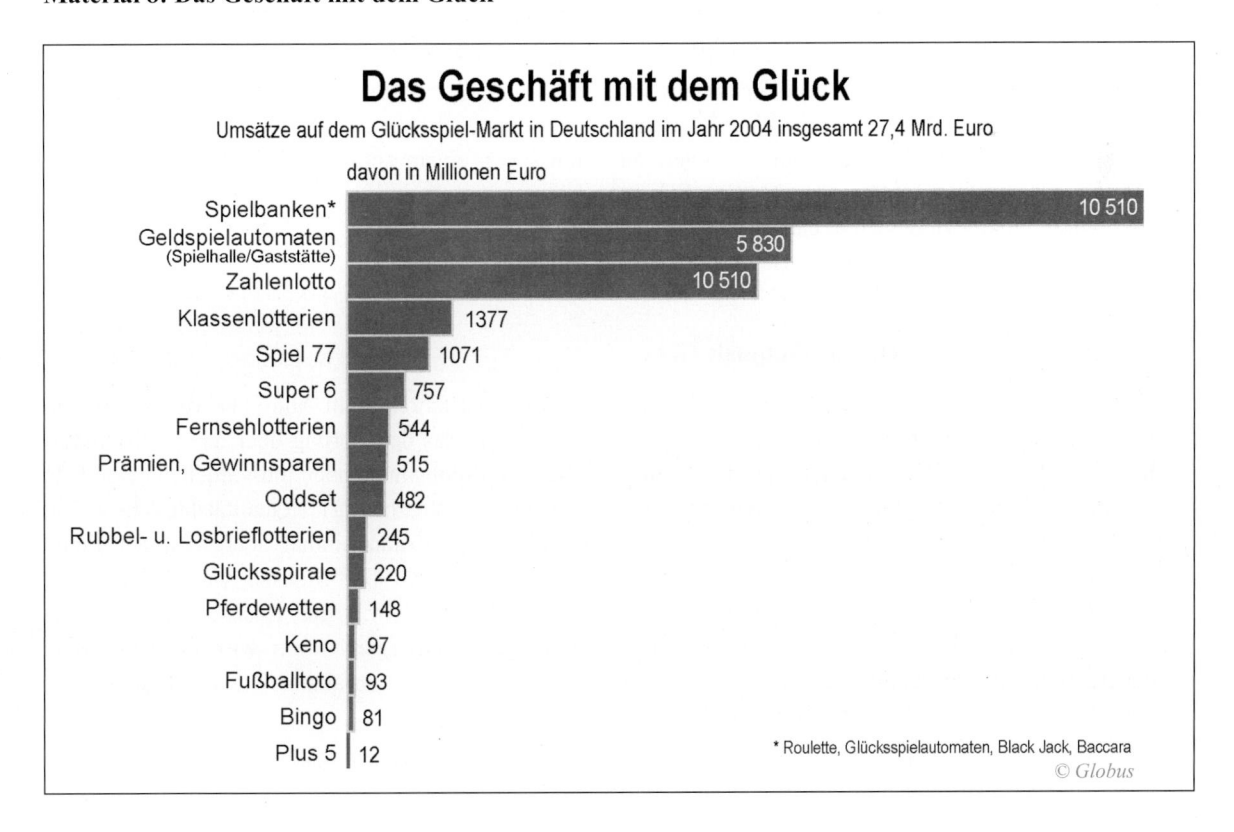

Das Geschäft mit dem Glück

Umsätze auf dem Glücksspiel-Markt in Deutschland im Jahr 2004 insgesamt 27,4 Mrd. Euro

davon in Millionen Euro

Spielbanken*	10 510
Geldspielautomaten (Spielhalle/Gaststätte)	5 830
Zahlenlotto	10 510
Klassenlotterien	1377
Spiel 77	1071
Super 6	757
Fernsehlotterien	544
Prämien, Gewinnsparen	515
Oddset	482
Rubbel- u. Losbrieflotterien	245
Glücksspirale	220
Pferdewetten	148
Keno	97
Fußballtoto	93
Bingo	81
Plus 5	12

*Roulette, Glücksspielautomaten, Black Jack, Baccara

© Globus

Wissenschaft und Verantwortung

Aufgabe

1. Wissenschaft und Verantwortung in unserer Zeit – Tut man alles, was man kann?
   Schreiben Sie einen Essay zu diesem Thema.

Material 1: Carl Friedrich von Weizsäcker: Die Wissenschaft ist für ihre Folgen verantwortlich

Der Wissenschaftler als Staatsbürger und Weltbürger hat mit den Gaben, die er als Person jeweils in sich vorfindet, an der Gestaltung der unvermeidlichen Gesellschafts- und Weltveränderung mitzuwirken. Diese Gaben sind verschieden. Nicht jeder Wissenschaftler hat den Mut, die Einsicht, die Schlauheit und Nüchternheit, ohne die man nicht erfolgreich politisch handeln kann. Aber jeder Wissenschaftler hat den Verstand, die Wichtigkeit dieser Aufgabe sehen zu können. Die Handelnden bedürfen stets des Chors derer, die mitdenken, vernehmlich kritisieren und vernehmlich zustimmen. Die Wissenschaft hat insbesondere die spezifische Verantwortung, ihre eigenen Folgen und Verstrickungen selbst rational zu durchdenken. Von dieser Verantwortung kann sie sich nicht freisprechen, bei Strafe des Untergangs.

Carl Friedrich von Weizsäcker. In: Das Parlament; 02/1983.

Material 2: Aus einem Interview mit dem Atomphysiker Eduard Teller über Weltraumwaffen

> **Teller:** Ein Wissenschaftler soll Wissenschaft betreiben und seine Verantwortung ist, dass er das, was er geschaffen hat, mit allen Konsequenzen erklärt. Aber damit hört seine Verantwortung als Wissenschaftler auf.

Material 3: Karl Jaspers: Die geistige Situation der Zeit

Mit der Technisierung ist ein Weg beschritten, der weitergegangen werden muss. Ihn rückgängig zu machen, hieße das Dasein bis zur Unmöglichkeit erschweren. Es hilft nicht zu schmähen, sondern zu überwinden. […] Gegenüber der Notwendigkeit, dass jede Tätigkeit zu besserem Gelingen technisch unterbaut sein muss, ist dann das Bewusstsein für das Nichtmechanisierbare bis zur Untrüglichkeit zu schärfen. Eine Verabsolutierung der Technik wäre vernichtend für das Selbstsein; jeder Leistungssinn muss von einem anderen Sinn durchdrungen bleiben.

Karl Jaspers: Die geistige Situation der Zeit. Walter de Gruyter Verlag, Berlin 1998.

Material 4: Mathias Greffrath: Optimale Gene

Unser Leben wird immer länger und beschwerdefrei, Krankheiten werden präzise diagnostizierbar, Krebs heilbar und Erbkrankheiten verschwinden – das sind nur einige Versprechen der Genforschung. Aus Aminosäuren werden Funktionäre ablesen, ob ein Kind in seinem späteren Leben zu Leichtsinn, Intelligenz, Schwermut, Schizophrenie oder Schüchternheit neigen wird – das sind nur einige der Befürchtungen gegenüber der Genforschung. Der Gang der Forschung geht fast zwangsläufig in eine Richtung: die Qualität des Menschen verbessern. Zunächst wird das nur, über die verbesserten Diagnoseverfahren, zum Abtreiben von Menschengut führen, das den Sprung über die gesellschaftlichen (Mongolismus) oder individuellen (weiblich, blauäugig, kurzbeinig) Qualitätshürden nicht schafft. Irgendwann einmal aber wird der Punkt erreicht sein, wo der Mensch via Gen-Therapie „verbesserbar" sein wird. Resistenz-Gene gegen Aids, gegen Allergien – wer wird da nein sagen. Das werden die Einfallstore sein für alles, was machbar ist. […]

Mathias Greffrath: Optimale Gene. In: DIE ZEIT 10/1989.

Fortsetzung von Seite 68

Wissenschaft und Verantwortung

Material 5: Tschernobyl und Fukushima

Die Katastrophe von Tschernobyl ereignete sich am 26.4.1986 im Kernkraftwerk Tschernobyl, damals Ukrainische Sowjetrepublik, als Folge einer Kernschmelze und Explosion im Kernreaktor. Sie gilt als die schwerste nukleare Havarie und als eine der schlimmsten Umweltkatastrophen aller Zeiten.
Grundlegende Mängel in der Konstruktion des Reaktors sowie Planungs- und Bedienungsfehler schaukelten sich auf und bewirkten einen Super-GAU. Große Mengen an radioaktivem Material wurden in die Luft geschleudert und verteilten sich hauptsächlich über die Region nordöstlich von Tschernobyl, aber auch über viele Regionen Europas. Der Unfall führte bei einer nicht genau bekannten Zahl von Menschen zum Tod. Dazu kommen psychische, soziale, ökologische und ökonomische Schäden. Über die zu erwartenden Langzeitfolgen besteht seit Jahren ein Streit auch unter Wissenschaftlern.

http://de.wikipedia.org/wiki/Katastrophe_von_Tschernobyl

„Die Situation ist alles andere als stabil. Die kleinste Störung wie ein neues Erdbeben oder ein Rohrbruch kann zu einer großen Kernschmelze in drei Reaktoren führen – und die Folgen wären dann weitaus schlimmer als damals in Tschernobyl. Was wir in Fukushima derzeit sehen, ist eine tickende Zeitbombe!"

Michio Kaku, amerikanischer Physiker, im April 2011 über das havarierte Atomkraftwerk in Fukushima

Material 6: Verlierer sind fast alle

Mehr Stürme, Überschwemmungen und Dürreperioden sind die wahrscheinlichsten Auswirkungen des globalen Klimawandels in Folge der anhaltenden Umweltverschmutzung. Dies geht aus einem Bericht der Vereinten Nationen hervor. Die meisten Menschen würden auf der Seite der Verlierer stehen, sagte Umweltforscher James J. McCarthy, einer der Mitverfasser des Berichts.
Besonders stark betroffen sind der Studie zufolge die Menschen in den Entwicklungsländern, aber auch Europa werde die Veränderungen zu spüren bekommen. Bis Ende des Jahrhunderts soll in den Alpen jeder zweite Gletscher schmelzen. Südeuropa wird zunehmend von Dürre und extremen Hitzewellen, andere Regionen werden von Überschwemmungen gefährdet. [...]
Umweltverbände in Deutschland forderten die Bundesregierung dazu auf, den CO_2-Ausstoß drastisch zu senken. Die Politik müsse umsteuern, verlangte der WWF[1]. Greenpeace erklärte, der Bericht habe die schlimmsten Befürchtungen bestätigt.

1 World Wide Fund For Nature

Toleranz – ein Wert und seine Bedeutung

Aufgabe

1. Toleranz – ein Wert und seine Bedeutung für unsere Gesellschaft. Schreiben Sie einen Essay zu diesem Thema.

Material 1: Übertoleranz schlägt um in Ignoranz

[…] Die Toleranz bilde, so Professor Bubner 1999 in seinem Vortrag, nicht etwa einen der wichtigsten Grundpfeiler moderner Demokratien, vielmehr stelle sie ein „subjektives Wohlwollen des Mitmenschen" dar. Und auf dieses Entgegenkommen gebe es keinen rechtlichen Anspruch. Die kontroverse Diskussion im Anschluss an seine rhetorisch überzeugenden Ausführungen zeigte einmal mehr, dass innerhalb einer pluralistischen Gesellschaft auf die Auseinandersetzung mit dem Toleranzbegriff nicht verzichtet werden darf. Im Kontext von Konflikten um Einbürgerungsmodalitäten und Integrationspolitik gewann der Vortrag Bubners besondere Relevanz. […]

Fern der Gleichgültigkeit, so Bubner, sei Toleranz eine besondere Leistung. „Toleranz – das ist die negative Leistung des Verzichts auf Einspruch. Sie setzt eine erkennbare, störende Zumutung voraus." Hierbei spiele die Urteilskraft eine wichtige Rolle, die darüber entscheide, ob diese Zumutung marginal oder schmerzlich empfunden werde. Wenn er nicht bewusst provoziere, schätze der Abweichler sein Verhalten möglicherweise als Selbstverständlichkeit ein. „Toleranzfälle sind Grenzfälle zwischen Gewohnheit und Abweichung." Die Stärke dieser Entfernung von der Norm finde sich je nach Milieu und Zeit Veränderungen unterworfen. „Die Toleranzidee ist nicht die Anweisung dazu, Provokationen herunterzuspielen." Vielmehr ist sie das Angebot des Wohlwollens unserer Mitmenschen, fasst Bubner zusammen. Ansonsten walte das Laissez-faire. […]

Schließlich: „Wer also das Fremde schützen, ehren und bewahren will, der muss die Fremdheit des Fremden bewahren." Denn die Übertoleranz schlage um in Ignoranz. Sie führe zwangsläufig zu Gleichgültigkeit und Distanzierung. „Wenn jeder Einzelne als Sonderfall behandelt werden wollte, dann fänden wir uns als sprichwörtliche Narren auf dem Narrenschiff wieder – alle in einem Boot."

Material 2: Wie ist das mit den Vorurteilen?

Vorurteile gegenüber Menschen, hinsichtlich Alter, Geschlecht, Hautfarbe und anderen Eigenschaften, können zu Konflikten und Diskriminierung führen. Obwohl Vorurteile überaus häufig sind, ist wenig über ihren Ursprung bekannt. Eine viel diskutierte Theorie besagt, dass soziale Angst zum Entstehen von Vorurteilen gegen Menschen anderer Hautfarbe beitragen kann. Diese Hypothese wird nun durch Forschungsergebnisse gestützt, die in der Fachzeitschrift „Current Biology" von Wissenschaftlern des Zentralinstituts für Seelische Gesundheit (ZI) in Mannheim sowie des Institut de Neurosciences Cognitives de la Méditerranée (INCM) in Marseille, Frankreich, im April 2010 veröffentlicht wurden.

Die Forscher untersuchten Kinder mit seltenen genetischen Störungen, dem Williams-Beuren-Syndrom. Kinder mit diesem Syndrom weisen ein besonderes, überfreundliches Verhalten auf, das „Hypersozialität" genannt wird. Hierbei ist die Sozialangst deutlich verringert, was zu ungewöhnlich freundlichem Verhalten auch gegenüber Fremden führt, aber auch die Unfähigkeit bedeutet, soziale Bedrohungen zu erkennen.

In ihrer Studie zeigten die Wissenschaftler Kindern (im Alter von fünf bis sechzehn Jahren) einige Zeichnungen von Menschen unterschiedlicher Hautfarbe oder Geschlechts und baten sie, diesen Menschen Eigenschaften zuzuordnen. Gesunde Kinder wiesen sowohl den Geschlechtern als auch den ethnischen Gruppen stark stereotypisierte Eigenschaften zu und bestätigten damit frühere Studien, die aufzeigten, dass solche Stereotype schon mit drei Jahren voll entwickelt sind. Die Studie eröffnet neue Wege zum Verständnis dieses wichtigen wissenschaftlichen und sozialpolitischen Themas.

Material 3: Gotthold Ephraim Lessing: Nathan der Weise (1778/79)

In Lessings „Nathan der Weise" treffen der Tempelherr, ein Christ, und Nathan, ein Jude, der dem Ritter für die Rettung seiner Tochter danken will, aufeinander:

NATHAN: […] Ich weiß, wie gute Menschen denken; weiß,
Dass alle Länder gute Menschen tragen.
TEMPELHERR: Mit Unterschied, doch hoffentlich?
NATHAN: Jawohl: An Farb', an Kleidung, an Gestalt verschieden.
5 TEMPELHERR: Auch hier bald mehr, bald weniger, als dort.
NATHAN: Mit diesem Unterschied ist's nicht weit her.
Der große Mann braucht überall viel Boden;
Und mehrere, zu nah gepflanzt, zerschlagen
Sich nur die Äste. Mittelgut, wie wir,
10 Find't sich hingegen überall in Menge.
Nur muss der eine nicht den andern mäkeln.
Nur muss der Knorr den Knuppen hübsch vertragen.
Nur muss ein Gipfelchen sich nicht vermessen,
Dass es allein der Erde nicht entschossen.
15 TEMPELHERR: Sehr wohl gesagt! – Doch kennt Ihr auch das Volk,
Das diese Menschenmäkelei zuerst
Getrieben? Wisst Ihr, Nathan, welches Volk
Zuerst das auserwählte Volk sich nannte?
Wie? Wenn ich dieses Volk nun, zwar nicht hasste,
20 Doch wegen seines Stolzes zu verachten,
Mich nicht entbrechen könnte? Seines Stolzes;
Den es auf Christ und Muselmann vererbte,
Nur sein Gott sei der rechte Gott! – Ihr stutzt,
Dass ich, ein Christ, ein Tempelherr, so rede?
25 Wen hat, und wo die fromme Raserei,
Den bessern Gott zu haben, diesen Bessern
Der ganzen Welt als besten aufzudringen,
In ihrer schwärzesten Gestalt sich mehr
Gezeigt, als hier, als itzt? Wem hier, wem itzt
30 Die Schuppen nicht vom Auge fallen … Doch
Sei blind, wer will! – Vergesst, was ich gesagt;
Und lasst mich. (*will gehen*)
NATHAN: Ha! Ihr wisst nicht, wie viel fester
Ich nun mich an Euch drängen werde. – Kommt,
35 Wir müssen, müssen Freunde sein! – Verachtet
Mein Volk so sehr Ihr wollt. Wir haben beide
Uns unser Volk nicht auserlesen. Sind
Wir unser Volk? Was heißt denn Volk?
Sind Christ und Jude eher Christ und Jude
40 Als Mensch? Ah! Wenn ich einen mehr in Euch
Gefunden hätte, dem es gnügt, ein Mensch
Zu heißen!

Gotthold Ephraim Lessing: Nathan der Weise. Aus: Werke, Band 2. Carl Hanser Verlag, München 1973.

Toleranz – ein Wert und seine Bedeutung

Material 4: Toleranz

Toleranz, auch Duldsamkeit, ist allgemein ein Geltenlassen und Gewährenlassen fremder Überzeugungen, Handlungsweisen und Sitten. Gemeint ist damit heute häufig auch die Anerkennung einer Gleichberechtigung unterschiedlicher Individuen.

Das zugrunde liegende Verb *tolerieren* wurde im 16. Jahrhundert aus dem lateinischen *tolerare* entlehnt. Das Adjektiv *tolerant* in der Bedeutung „duldsam, nachsichtig, großzügig, weitherzig" ist seit dem 18. Jahrhundert belegt.

Im politischen und gesellschaftlichen Bereich gilt Toleranz auch als die Antwort einer geschlossenen Gesellschaft und ihres verbindlichen Wertesystems gegenüber Minderheiten mit abweichenden Überzeugungen, die sich in das herrschende System nicht ohne Weiteres integrieren lassen. Insofern schützt die Toleranz ein bestehendes System, da fremde Auffassungen zwar zur Kenntnis genommen, aber nicht zwangsläufig übernommen werden. Die Toleranz schützt aber auch die Träger einer Minderheitsmeinung vor Repression und gilt insofern als eine Grundbedingung für Humanität. In diesen Zusammenhängen ist Toleranz auch die Vorbedingung einer friedlichen Auseinandersetzung um konkurrierende Wahrheitsansprüche.

http://de.wikipedia.org/wiki/Toleranz

Material 5: Zero Tolerance

Die Politik der Null-Toleranz verfolgt lückenlos Regelverletzungen im öffentlichen Raum. Dabei steht die Bestrafung der Kleinkriminalität und von Bagatelldelikten im Zentrum dieser Strategie. Das Ziel ist, jene lokalen Bedingungen, die das soziale, geschäftliche und politische Leben beeinträchtigen, zu verbessern.

Die Politik der Null-Toleranz nimmt an, dass die Bekämpfung harmloser Delikte schwerwiegendere Verbrechen verhindert.

Das Manhattan Institute, eine neoliberale Denkfabrik in New York, hat diese neue Strategie der Kriminalitätskontrolle entwickelt und populär gemacht.

www.socialinfo.ch/cgi-bin/dico possode/show.cfm?id=751

Material 6: Zitatenspeicher

Toleranz sollte eigentlich nur eine vorübergehende Gesinnung sein:
Sie muss zur Anerkennung führen. Dulden heißt beleidigen.
Johann Wolfgang Goethe (1749–1832)

Um einen Schmetterling lieben zu können, müssen wir auch ein paar Raupen mögen.
Antoine de Saint-Exupéry (1900–1944)

Bewahre uns der Himmel vor dem „Verstehen". Er nimmt unserm Zorn die Kraft,
unserem Hass die Würde, unserer Rache die Lust und noch unserer Erinnerung die Seligkeit.
Arthur Schnitzler (1862–1931)

Toleranz darf nicht bestehen gegenüber der Intoleranz, wenn die nicht als ungefährliche,
private Verschrobenheit gleichgültig behandelt werden darf. Es darf keine Freiheit geben
zur Zerstörung der Freiheit.
Karl Jaspers (1883–1969)

Wahrheit und Lüge – ein Wert und ein Unwert?

Aufgabe

1. Wahrheit und Lüge – ein Wert und ein Unwert?
   Schreiben Sie einen Essay über die Bedeutung von Wahrheit und Lüge für unser Zusammenleben.

Material 1: Ursel Scheffler: Der Lügenbeutel

Es war einmal ein Mann, der behauptete, alles Elend dieser Welt käme nur daher, dass die Leute nicht mehr ehrlich zueinander wären. Er nahm sich daher vor, die Welt von Lügen zu befreien. Deshalb kaufte er sich ein Schmetterlingsnetz und einen großen Sack und begann alle Lügen, denen er begegnete, einzufangen.

Die Leute wunderten sich über den komischen Mann, der durch die Straßen rannte, hinter den Leuten herlief und scheinbar sinnlos mit einem Schmetterlingsnetz in der Luft herumfuchtelte. Sie bemerkten gar nicht, dass es ihnen immer schwerer fiel, sich Lügen auszudenken. Lügen wurden allmählich Mangelware! Der Mann hatte seinen Sack an jedem Abend gestopft voll. Er entleerte den Sack in kleine lügendichte Abfallbeutel, verschnürte sie sorgfältig und warf sie in den Müllschlucker.

So machte er es jeden Tag. Aber schließlich musste er sich seine Beute immer schwerer erkämpfen. Weil die Leute auf der Straße keine Lügen mehr hatten, schnitt er sie sich aus Zeitungsseiten aus. Er sammelte sie an Fernsehtürmen und Telefonleitungen. Immer häufiger hatten die Zeitungen leere Seiten und die Fernseher Ton- oder Bildausfall. Die Telefonleitungen waren ständig gestört.

Der Lügensammler stellte betrübt fest, dass die Leute immer weniger miteinander redeten. Vermutlich, weil sie nicht so viele Dinge wussten, die wahr waren.

Jetzt redeten sie wenigstens ehrlich miteinander, dachte der Mann mit dem Lügenbeutel. Welch ein Glück!

Doch da wurde er zu seinem Entsetzen Zeuge eines Gesprächs auf dem Marktplatz. Zwei Frauen trafen sich am Gemüsestand.

„Schlechten Tag!", sagte die eine zur anderen. […]

© *Ursel Scheffler, Kinderbücher, www.scheffler-web.de*

Material 2: Immanuel Kant: Die Wahrheit sagen

Hast du nämlich einen eben jetzt mit Mordsucht Umgehenden durch eine Lüge an der Tat verhindert, so bist du für alle Folgen, die daraus entspringen möchten, auf rechtliche Art verantwortlich. Bist du aber strenge bei der Wahrheit geblieben, so kann dir die öffentliche Gerechtigkeit nichts anhaben; die unvorhergesehene Folge mag sein, welche sie wolle. Es ist doch möglich, dass, nachdem du dem Mörder auf die Frage, ob der von ihm Angefeindete zu Hause sei, ehrlicherweise mit Ja geantwortet hast, dieser doch unbemerkt ausgegangen ist und so dem Mörder nicht in den Wurf gekommen, die Tat also nicht geschehen wäre; hast du aber gelogen und gesagt, er sei nicht zu Hause, und er ist auch wirklich, (obzwar dir unbewusst), ausgegangen, wo denn der Mörder ihm im Weggehen begegnete und seine Tat an ihm verübte: So kannst du mit Recht als der Urheber des Todes desselben angeklagt werden. Denn hättest du die Wahrheit, so gut du sie wusstest, gesagt: So wäre vielleicht der Mörder über dem Nachsuchen seines Feindes im Hause von herbeigelaufenen Nachbarn ergriffen und die Tat verhindert worden. Wer also lügt, so gutmütig er dabei auch gesinnt sein mag, muss die Folgen davon, selbst vor dem bürgerlichen Gerichtshof, verantworten und dafür büßen, so unvorhergesehen sie auch immer sein mögen: Weil Wahrhaftigkeit eine Pflicht ist, die als Basis aller auf Vertrag zu gründenden Pflichten angesehen werden muss, deren Gesetz, wenn man ihr auch nur die geringste Ausnahme einräumt, schwankend und unnütz gemacht wird.

Es ist also ein heiliges, unbedingt gebietendes, durch keine Konvenienzen einzuschränkendes Vernunftgebot: in allen Erklärungen wahrhaft (ehrlich) zu sein.

Immanuel Kant: Über ein vermeintes Recht aus Menschenliebe zu lügen. Aus: Werke in 12 Bänden, Band 8. Suhrkamp Verlag, Frankfurt am Main 1977.

Material 3: Zitatenspeicher

Ohne Wahrheit ist es unmöglich, irgendwelche Prinzipien oder Regeln im Leben zu befolgen.
Mahatma Gandhi (1869–1948)

Wer immer die Wahrheit sagt, kann sich ein schlechtes Gedächtnis leisten.
Theodor Heuss (1884–1963)

Eine Lebenswahrheit lautet, dass wir ohne Lebenslüge nicht auskommen.
*Gerd Uhlenbruck (*1929)*

Nur wenige Menschen sind stark genug, um die Wahrheit zu sagen und die Wahrheit zu hören.
Vauvenargues (1715–1747)

Wenn es nur eine Wahrheit gäbe, könnte man nicht hundert Bilder über dasselbe Thema malen.
Pablo Picasso (1881–1973)

Ein paar Wahrheiten muss man sagen, um leben zu können; ein paar verschweigen aus demselben Grund.
*Karlheinz Deschner (*1924)*

Die hinterhältigste Lüge ist die Auslassung.
Simone de Beauvoir (1908–1986)

Eine Lüge ist wie ein Schneeball; je länger man ihn wälzt, je größer wird er.
Martin Luther (1483–1546)

Die Strafe für den Lügner besteht nicht darin, dass man ihm nicht glaubt, sondern darin, dass er selber niemandem mehr glauben kann.
George Bernard Shaw (1856–1950)

Lügen ist ein Laster, wenn man damit Schaden anrichtet, aber eine Tugend, wenn man damit nützt.
Voltaire (1694–1778)

Im Deutschen lügt man, wenn man höflich ist.
Johann Wolfgang Goethe (1749–1832)

Durch falsche Zungen sind mehr Menschen ums Leben gekommen als durch scharfe Schwerter.
Jesus Sirach (NT 28, V. 18)

Material 4: Gotthold Ephraim Lessing: Der Rabe und der Fuchs

Ein Rabe trug ein Stück vergiftetes Fleisch, das der erzürnte Gärtner für die Katzen seines Nachbars hingeworfen hatte, in seinen Klauen fort.
Und eben wollte er es auf einer alten Eiche verzehren, als sich ein Fuchs herbeischlich und ihm zurief: „Sei mir gesegnet, Vogel des Jupiters!" – „Für wen siehst du mich an?", fragte der Rabe. – „Für wen ich dich ansehe?", erwiderte der Fuchs. „Bist du nicht der rüstige Adler, der täglich von der Rechten des Zeus auf diese Eiche herabkömmt, mich Armen zu speisen? Warum verstellst du dich? Sehe ich denn nicht in der siegreichen Klaue die erflehte Gabe, die mir dein Gott durch dich zu schicken noch fortfährt?"

Der Rabe erstaunte und freute sich innig, für einen Adler gehalten zu werden. Ich muss, dachte er, den Fuchs aus diesem Irrtume nicht bringen. – Großmütig dumm ließ er ihm also seinen Raub herabfallen und flog stolz davon.
Der Fuchs fing das Fleisch lachend auf und fraß es mit boshafter Freude. Doch bald verkehrte sich die Freude in ein schmerzhaftes Gefühl; das Gift fing an zu wirken und er verreckte.
Möchtet ihr euch nie etwas anders als Gift erloben, verdammte Schmeichler.

Gotthold Ephraim Lessing: Der Rabe und der Fuchs. Aus: Werke, Band 1. Carl Hanser Verlag, München 1973.

Fortsetzung von Seite 74

Wahrheit und Lüge – ein Wert und ein Unwert?

Material 5: Statistik

Nach Studien der Control Risk Group sind die Deutschen Weltmeister im Schummeln. Rund 12 % der Bewerber machen demnach falsche Angaben über ihren beruflichen Werdegang. Im Einzelnen wird geschummelt bei 30 % der Daten zur Beschäftigung, bei 18 % der Qualifikationen, bei 13 % der Gehaltsangaben, bei 11 % der Daten zum Lebenslauf, bei 6 % der Angaben zum Verhältnis zum ehemaligen Arbeitgeber, 4 % zur Position und bei 1 % der Angaben zur Führungsverantwortung.

http://de.wikipedia.org/wiki/Recht_auf_Lüge

Material 6: Recht auf Lüge

Das Recht auf Lüge bezeichnet die Möglichkeit eines Arbeitsuchenden, bei einem Bewerbungsgespräch auf unzulässige Fragen des Arbeitgebers nicht mit der Wahrheit zu antworten.

Grundsätzlich ist Lüge nicht mit Strafe bedroht, jedoch kann sich ein Vertragspartner durch Anfechtung von einem Vertrag lösen, sofern er bei Vertragsabschluss arglistig getäuscht wurde. Eine Täuschung liegt hierbei in dem Hervorrufen eines Irrtums, also einer Fehlvorstellung über Tatsachen. Diese Täuschung ist dann arglistig, sofern der Bewerber von einer Tatsache Kenntnis hat, der künftige Arbeitgeber keine Kenntnis hat und die Tatsache entscheidend für den Vertragsabschluss ist. Grundsätzlich wird bei einer arglistigen Täuschung die Rechtswidrigkeit indiziert, jedoch ist die Täuschung dann nicht rechtswidrig, sofern die Frage des Arbeitgebers unzulässig war. Unzulässig ist eine Frage des Arbeitgebers dann, sofern sie nichts mit der künftigen Tätigkeit zu tun hat.

Unzulässige Fragen beziehen sich etwa auf die Mitgliedschaft in einer Partei, einer Gewerkschaft oder einer Religionsgemeinschaft, den letzten Verdienst, eine bestehende Schwangerschaft, Vorstrafen im Bereich der Vermögensdelikte, Schwerbehinderteneigenschaft, sofern sie zu Diskriminierungszwecken eingesetzt wird.

http://de.wikipedia.org/wiki/Recht_auf_Lüge

Material 7: Bertolt Brecht: Maßnahmen gegen die Gewalt

Als Herr Keuner, der Denkende, sich in einem Saale vor vielen gegen die Gewalt aussprach, merkte er, wie die Leute vor ihm zurückwichen und weggingen. Er blickte sich um und sah hinter sich stehen – die Gewalt.

„Was sagtest du?" fragte ihn die Gewalt.

„Ich sprach mich für die Gewalt aus", antwortete Herr Keuner.

Als Herr Keuner weggegangen war, fragten ihn seine Schüler nach seinem Rückgrat. Herr Keuner antwortete: „Ich habe kein Rückgrat zum Zerschlagen. Gerade ich muß länger leben als die Gewalt."

Und Herr Keuner erzählte folgende Geschichte:

In der Wohnung des Herrn Egge, der gelernt hatte, nein zu sagen, kam eines Tages in der Zeit der Illegalität ein Agent, der zeigte einen Schein vor, welcher ausgestellt war im Namen derer, die die Stadt beherrschten, und auf dem stand, daß ihm gehören solle jede Wohnung, in die er seinen Fuß setzte; ebenso sollte ihm auch jedes Essen gehören, das er verlange; ebenso sollte ihm auch jeder Mann dienen, den er sähe.

Der Agent setzte sich in einen Stuhl, verlangte Essen, wusch sich, legte sich nieder und fragte mit dem Gesicht zur Wand vor den Einschlafen: „Wirst du mir dienen?"

Herr Egge deckte ihn mit einer Decke zu, vertrieb die Fliegen, bewachte seinen Schlaf, und wie an diesem Tage gehorchte er ihm sieben Jahre lang. Aber was immer er für ihn tat, eines zu tun hütete er sich wohl: das war, ein Wort zu sagen. Als nun die sieben Jahre herum waren und der Agent dick geworden war vom vielen Essen, Schlafen und Befehlen, starb der Agent. Da wickelte ihn Herr Egge in die verdorbene Decke, schleifte ihn aus dem Haus, wusch das Lager, tünchte die Wände, atmete auf und antwortete: „Nein."

Bertolt Brecht: Maßnahmen gegen die Gewalt. Aus: Werke. Große kommentierte Berliner und Frankfurter Ausgabe, Band 18: Prosa 3. © Bertolt-Brecht-Erben/Suhrkamp Verlag 1995.

[R]

Herr der Zeit – Knecht der Zeit?

Aufgabe

1. Herr der Zeit – Knecht der Zeit? Über den Umgang mit der Zeit in unserer hochtechnisierten Welt. Schreiben Sie einen Essay zu diesem Thema.

Material 1: Karlheinz A. Geißler: Ein zweifelhafter Fortschritt

Dass unser Leben immer schneller wird, ist Gegenstand vieler Klagen. Glaubt man statistischen Auswertungen, fühlt sich über die Hälfte der deutschen Bevölkerung häufig unter Zeitdruck. Die Devise heißt: Alles muss schneller gehen. Telefonieren statt miteinander reden, faxen statt Briefe schreiben, fahren statt laufen und fliegen statt fahren.

Ärger kommt auf, wenn's „irgendwo und irgendwann" mal langsamer geht, als man dies erwartet hat. Erfolgreich, so wird uns mitgeteilt, sei jenes Produkt, das schneller auf dem Markt ist als ein konkurrierendes und das auch noch verspricht, Zeitgewinne zu ermöglichen. Erfolgreicher sowie gesellschaftlich geachteter sind jene Personen, die sich als die Schnelleren gegenüber ihren Mitmenschen darstellen. […] Das Belastende dieser Beschleunigungsdrift, die sich in einem erlebbaren gesellschaftlichen und individuellen Zeitdruck ihren problematischen Ausdruck verschafft, ist nicht die Tatsache der Beschleunigung, sondern der Sachverhalt, dass diese überall und immer häufiger geschieht. Das räumlich und das zeitlich beschleunigungsorientierte Nonstop überfordert unsere psychischen, unsere sozialen und unsere ökologischen und immer häufiger auch unsere ökonomischen Systeme. Der Grund für dieses „Diktat der Tempomacher" liegt in der Koppelung von Zeit und Geld. „Zeit" wird instrumentalisiert, und zwar in erster Linie für den Gelderwerb. Sie wird zur Ware. Sie hat keinen Eigenwert mehr, sie hat nur mehr jenen Wert, den ihr Geld verleiht. […]

Verlieren wir – so ist zu fragen – durch das „Immer und Überall" permanenter Beschleunigungen und Hochgeschwindigkeit die entscheidenden Rahmenkomponenten für eine gelingende Zeitstrukturierung? Werden wir zu Orientierungswaisen im Kontinuum der Zeit, gekennzeichnet von der Notwendigkeit, die Zeit damit verbringen zu müssen, dass wir permanent über sie entscheiden? Löst sich nach der Ortsbindung (Globalisierung des Raumes) auch die Bindung an die Zeit auf? Es scheint paradox zu sein: Je mehr Freiheit wir haben, über die Ordnung der Zeit selbst entscheiden zu können, umso weniger Zeit haben wir.

Karlheinz A. Geißler: Ein zweifelhafter Fortschritt. In: ders.: Wart' mal schnell. Minima Temporalia. Stuttgart/Leipzig 2002.

Material 2: Führungskräfte

Führungskräfte, die 60 oder 70 Stunden in der Woche arbeiten und kaum Privatleben haben, sind häufig dennoch mit ihrem Leben zufrieden. Ihr Job macht ihnen Spaß und sie schätzen die Anerkennung, die ihnen zuteilwird.

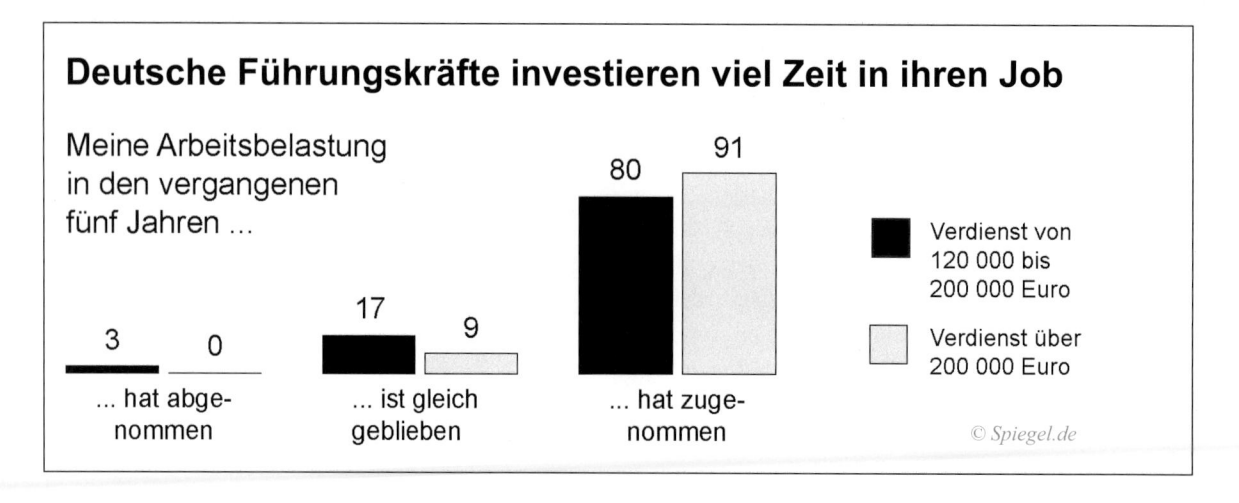

Deutsche Führungskräfte investieren viel Zeit in ihren Job

Meine Arbeitsbelastung in den vergangenen fünf Jahren …

	Verdienst von 120 000 bis 200 000 Euro	Verdienst über 200 000 Euro
… hat abgenommen	3	0
… ist gleich geblieben	17	9
… hat zugenommen	80	91

© Spiegel.de

Fortsetzung auf Seite 77

Herr der Zeit – Knecht der Zeit?

Material 3: Felix Grigat: Mehr Mut zur Muße

Abstand zu den Dingen zu gewinnen, Unnützes, Akademisches zu tun, war bei den Griechen Kennzeichen derer, „die wahrhaft in Freiheit und Muße aufgezogen" worden sind (Platon). Muße und Schule war das gleiche Wort: scholé. Aristoteles behauptete, dass wir eigentlich so gut wie alles tun, um dies zu erlangen: „Wir sind unmüßig, um Muße zu haben." Muße bedeutete aber nicht Müßiggang, Schlendrian, des „Teufels Ruhebank". Es war für den griechischen Philosophen dabei die wichtigste Frage, was man in der Muße „wirkt", wie man sie sinnvoll ausfüllt, beispielsweise mit produktiven geistigen und wissenschaftlichen Tätigkeiten. [...]

Muße hat in der heutigen Diskussion, in der man sich immer mehr in den Bann von Tabellen und Zahlenkolonnen, von Bits und Bytes ziehen lässt, ein „Plausibilitätsdefizit". Sie ist nicht verrechenbar, weder effizient noch nicht effizient. Sie ist so herrlich unkonkret, weil sie sich nicht auf dieses oder jenes richtet. Ein Mensch, der Muße hat, bleibt fähig, „die Welt als Ganzes in den Blick zu bekommen" (Josef Piper). Muße ist der beste Schutz gegen Fachidioten.

Schöpferische Arbeit ist ohne Muße nicht vorstellbar: Künstler und Wissenschaftler brauchen die in der Muße mitgedachte Unabhängigkeit [...], das Tätigsein, ohne dauernd die Frage „Wem nützt es?" stellen oder beantworten zu müssen. Muße ist notwendig, weil wissenschaftliche Erkenntniswege keine Autobahnen sind. Zu ihnen gehören auch Umwege, Irrwege, das Verweilen bei einem Phänomen, das Staunenkönnen, das „Brüten" über einem Problem, das Entdecken der richtigen Fragen, das sich Hineinvertiefen in eine Fragestellung und die Gründlichkeit der Arbeit.

Felix Grigat: Mehr Mut zur Muße. In: Evangelische Kommentare 8 / 1998.

Material 4: Matthias Drobinski: Der Verlust der Zeit

[...] Der Internet-Buchhändler Amazon bietet mehr als 300 Zeit-Ratgeber an, Hilfen zur Jagd nach der verlorenen Zeit. Denn es ist tatsächlich wie in Michael Endes Kinderroman „Momo": Die Zeit, die durch schnellere Zug- und Flugverbindungen gespart wird, durch Taschencomputer, die demnächst untereinander die Termine ihrer Besitzer ausmachen, oder durch selbstkochende Tiefkühlkost – die verschwindet einfach, weil kein Raum fürs Zweckfreie entsteht, sondern ein neuer zeitverbrauchender Zweck hinzukommt.

Man kann jetzt zu Hause die E-Mails aus dem Büro lesen, jeder kann jeden zu jeder Zeit anrufen oder eine Botschaft per SMS schicken; man kann schon jetzt ungeachtet aller Ladenschluss-Debatten zu beinahe jeder Zeit einkaufen, Sport treiben, sich zerstreuen. Eigentlich könnte so das Leben leichter werden: Man kann von zu Hause aus arbeiten und in der Sonne sitzend telefonieren, mit lieben Menschen Kurzbotschaften tauschen und sich zum Kneipenbesuch verabreden. Doch stattdessen entstehen merkwürdige Multitasking-Existenzen, die gleichzeitig und ununterbrochen Jobs erledigen, Kinder erziehen, Internetbekanntschaften knüpfen und ins Kino gehen. Multitasking-Existenzen sind gesellschaftlich anerkannt und von der Wirtschaft gewünscht; sie entsprechen dem Idealbild vom flexibilisierten Menschen, der am Sonntag arbeitet, weil er ja am Mittwoch frei macht. [...]

Der Verlust der gemeinsamen freien Zeit wird oft als Frage der persönlichen Moral angesehen: Nimm dir frei, hetze nicht so, mach mal wieder was mit deinen Kindern. Das ist alles richtig. Aber es ist auch eine Aufgabe der Politik, stade[1] Zeiten, Zeiten des dem unmittelbaren Zweck Entzogenen zu bewahren und zu schaffen. Man muss nicht religiös sein, um den arbeitsfreien Feiertag zu schätzen. [...] Gemeinsame Zeiten halten die Gesellschaft zusammen, sie sind der Boden, auf dem Kultur und Religion entstehen, Dinge, ohne die Gemeinwesen nicht existieren können.

1 stade: still, ruhig

Matthias Drobinski: Der Verlust der Zeit. In: Süddeutsche Zeitung vom Januar 2007.

Mobilität heute

Aufgabe

1. Mobilität heute – eine kritische Standortbestimmung. Schreiben Sie einen Essay zu diesem Thema.

Material 1: Gerhard Matzig: In Erwartung der U-Bahn

Die menschliche Population scheint ausschließlich aus Verkehrsteilnehmern zu bestehen. Ein Mensch, der zum Beispiel in Deutschland 70 Jahre alt wird, verbringt fast vier Jahre seines Lebens ausschließlich im Status des Unterwegsseins. Nimmt man die notwendigen Aufenthaltszeiten in transitorischen Zwischenräumen dazu, also das Leben in Erwartung der U-Bahn oder beim Anstellen zum Check-in, so ergibt sich mindestens ein ganzes Jahrzehnt, welches allein der Mobilität geopfert wird. Nur wird dies nicht als Wahnsinn beschrieben – sondern als Dynamik, Flexibilität oder sogar Freiheit gepriesen. In der jüngsten Aral-Studie „Mobilität und Sicherheit" liest sich das so: „Das Seelische braucht und sucht Bewegung."

Gerhard Matzig: Schneller, höher, weiter, irrer. In: Süddeutsche Zeitung vom August 2005.

Material 2: Gottfried Benn: Reisen

Meinen Sie Zürich zum Beispiel
sei eine tiefere Stadt,
wo man Wunder und Weihen
immer als Inhalt hat?

Meinen Sie, aus Habana,
weiß und hibiskusrot,
bräche ein ewiges Manna
für Ihre Wüstennot?

Bahnhofstraßen und Rueen,
Boulevards, Lidos, Laan –
selbst auf den Fifth Avenueen
fällt Sie die Leere an –

ach, vergeblich das Fahren!
Spät erst erfahren Sie sich:
bleiben und stille bewahren
das sich umgrenzende Ich.

Gottfried Benn: Reisen. In: Sämtliche Gedichte. Klett-Cotta, Stuttgart 1998. [R]

Material 3: Zitatenspeicher

Die beste Bildung findet ein gescheiter Mensch auf Reisen.
Johann Wolfgang Goethe (1749–1832)

Nur Reisen ist Leben, wie umgekehrt das Leben Reisen ist.
Jean Paul (1763–1825)

Die besten Reisen, das steht fest, sind die oft, die man unterlässt.
Eugen Roth (1895–1976)

Aber was kommt schon dabei heraus, wenn sie alle in fremde Länder zu reisen anfangen! Nichts; sie tragen ja doch wie die Zinnsoldaten ihr bisschen Standort mit sich herum.
Erhart Kästner (1904–1974)

Die Deutschen werden nicht besser im Ausland, wie das exportierte Bier.
Heinrich Heine (1797–1856)

Leben ist Bewegung – Bewegung ist Leben.
(Sprichwort)

Material 4: Zwang und Bedürfnis

Die modernen Gesellschaften zeichnen sich durch immer weitergehende Differenzierung aus. Soziale Aktivitäten wie beispielsweise Wohnen, Arbeiten, Bildung und Erholung sind oft räumlich voneinander getrennt. Da der Mensch nicht an mehreren Orten gleichzeitig sein kann, muss er räumliche Distanzen überwinden, sofern die Teilnahme an bestimmten Ereignissen gewünscht ist. […] Mobilität entsteht aber nicht nur aus dem Zwang, räumlich getrennte Aktivitäten wahrzunehmen. Es gibt auch ein Bedürfnis nach Mobilität. Das Unterwegssein dient dann der Identitätsfindung und ist Ausdruck eines Lebensstils.

http://de.wikipedia.org/wiki/Räumliche_Mobilität

Fortsetzung auf Seite 79

Mobilität heute

Material 5: Mobilität in Deutschland 2002

Einige wesentliche und ausgesuchte Ergebnisse der Untersuchung „Mobilität in Deutschland 2002" sind diese:

- Im Wochendurchschnitt verlassen 86% der Menschen zumindest für einen kurzen Fußweg das Haus.
- Im Durchschnitt werden 3,3 Wege täglich zurückgelegt.
- 23% aller Wege werden ausschließlich zu Fuß zurückgelegt.
- 9% werden mit dem Fahrrad erledigt.
- 8% mit dem öffentlichen Personen-Nahverkehr.
- 45% aller Wege werden mit dem Kraftfahrzeug als Fahrer zurückgelegt, 16% als Beifahrer.
- Bei Freizeitwegen liegt 2002 der Anteil aller Fußwege bei 30%, beim Einkaufen bei 27%.
- 31% aller Wege sind Freizeitverkehr, 19% zum Einkaufen und 15% sind Wege zur Arbeit.
- 25% aller Autofahrten sind kürzer als 3 km.
- Im Durchschnitt legt jeder Bundesbürger, der das Haus verlässt, 43 km am Tag zurück und verbringt 93 Minuten im Verkehr.
- Insgesamt haben 20% aller Haushalte kein Auto, in Großstädten geht der Wert bis auf 33%.

http://de.wikipedia.org/wiki/Räumliche_Mobilität

Material 6: Tourismus

Meldung der World Tourism Organization UNWTO 2006:
[...] derzeit mehr als 600 Mio. grenzüberschreitende Urlaubs- und Geschäftsreisen mit jeweils mindestens einer Übernachtung, dazu kommen noch mehr als 2 Mrd. Reisen innerhalb der Landesgrenzen.

Ökonomische Auswirkungen
Deviseneinnahmen aus dem Tourismus haben positive Auswirkungen, die in einer Verbesserung der Außenwirtschaftsbilanz und im Anstieg des BIP (Bruttoinlandsprodukt) der bereisten Länder sichtbar werden. Tourismuszentren gelten allgemein als wirtschaftliche Entwicklungspole, die sich durch einen beachtlichen Infrastrukturausbau auszeichnen. [...] In Ländern mit einseitiger Ausrichtung auf Tourismus ist bisweilen eine Vergrößerung der wirtschaftlichen Disparitäten im Land, eine größere Abhängigkeit vom Ausland sowie der Niedergang der einheimischen Landwirtschaft zu beobachten.

Soziokulturelle Auswirkungen
Häufig kommt es zu einer Veränderung der traditionellen Werte und Verhaltensweisen der einheimischen Bevölkerung infolge der Konfrontation mit dem hohen Lebensstandard und dem Verhalten der Touristen.

Ökologische Auswirkungen
Natur und Landschaft werden durch ungebremste Tourismusströme gefährdet und verändern sich langfristig völlig. Gerade die unkontrollierte Ausweitung von Neuerschließungen durch Hotelbauten hat unmittelbare Auswirkungen auf Flora und Fauna. Zahlreiche Lebensräume von Tieren und Pflanzen werden unwiederbringlich zerstört.

Aus: Mensch und Raum: Geographie. Cornelsen Verlag, Berlin 2007.

Lösungen

Seiten 19 und 20
Einen Essay strukturieren

zu 2:
Die Absätze stehen bei Bertolt Brecht in dieser Reihenfolge:
1 / 4 / 3 / 2 / 5 / 7 / 9 / 8 / 10 / 6 / 11 / 14 / 15 / 12 / 13 / 16

Seiten 21 bis 25
Einen Essay inhaltlich erweitern

zu 3:
Enzensberger baut Susan Sontags Text nach Zeile 106 ein.

Seite 39
Schreibwerkstatt
Schritt 3: Den Essay schreiben

zu 2:

Erörterung	Essay
festgelegtes Schema	strukturelle Lockerheit; kein striktes Schema
argumentative Stringenz	argumentative Passagen im Wechsel mit assoziativen und lose reihenden Passagen
Zielorientierung	abschweifend
Pflicht zur Objektivität	persönliche Erfahrungen
sprachlich-stilistische Einheitlichkeit	stilistische Vielfalt; Originalität
nüchterner Sachstil	pointiert; abwechslungsreich